네가 있다는 생각을 자주 해

박연준

성동혁

송희지

신이인

연정모

오은

한영원

'시가 되겠구나' 예감한 순간들의 기록

들어가며
기다리는 기분

―

　　봄비 내리던 어느 아침, 시에 대한 이야기를 나누었다. 침대의 서로 다른 방향에 머리를 두고서 비는 왜 오는데 가지는 않을까, 하는 질문을 던지면서. 침실 창문에 방울방울 빗물이 맺히고, 담장 위를 유유히 걸어가는 고양이의 실루엣이 일렁이던 작은 방에서. 두 사람의 머릿속을 부유하는 말들이 아무렇게나 쏟아지는 공간에서 창도 방패도 없이 구겨진 이불에, 발을 올려둔 베개에 무엇이든 꺼내 놓아도 괜찮은 기분. 아, 지금 이곳은 시적(詩的)이구나, 생각했다. 시적인 게 무엇인지도 모르면서. 그래서 물었다. 시는 무엇인지. 정확하게는 시는 언제 어디서 태어나는지. 시를 둘러싼 얘기를 나누다 보니 한 편의 시를 짓는 과정이 궁금하였다. 그 끝에는 환희가 있을지, 혹은 공허가 있는 것인지 내다보고 싶었다.

거실 식탁에 앉아 아침으로 샐러드를 먹는 동안 열어둔 현관문으로 빗물이 톡톡 튀는 장면을 보았다. 아름답다. 저곳을 나만의 작은 정원이라 불러도 괜찮을까. 비가 오는 걸 계속 보고 있으면 묘한 기분에 사로잡힌다. 비가 온다. 비가 온다. 비는 오는데 왜 가진 않을까. 거칠거나 사납지 않은 봄날이 아주 천천히 흐르고 있었다. 담벼락을 타고 경사진 곳을 지나 아래로 아래로 빗물이 흐르듯이.

시인들은 어디서 오는 걸까. 그들도 어딘가로 가긴 할까. 그렇다면 그들보다 먼저 그곳에 가서 기다리고 있으면 좋을 텐데. 하지만 그것은 불가한 일일 테지. 대신 시인이 찾아가는, 어쩌면 시인을 찾아오는 그것이 알고 싶어져 일곱 명의 시인에게 물었다. 그리고 기다렸다. 기다리는 사람이 되는 기쁨을 누렸다. 가만가만 듣는 기분으로 원고를 읽었다. 나를, 우리를 간지럽히는 일곱 편의 산문에는 이런 문장이 있다. "가장 먼저 출발해 마지막에 들어오는 사람". 시의 세계란

이토록 충실한 것이구나. 내내 열려있는 일이구나.

　　턱을 괴고 수록된 글을 오래 들여다보았다. 단어 하나, 조사 하나 허투루 쓴 것 없는 문장들이 이어진다. 아름답다는 말이 절로 나온다. 조그맣게 그 말을 자주 소리 내었다. 마치 마주 앉은 이를 깊이 바라보는 것 같아서, 기다림의 자세를 배운 것도 같아서, 그러다가 비스듬한 각도를 눈치채는 사람을 만난 것만 같아서.

　　시인이기 이전에 생활인으로 살아가는 이들의 모습을 상상해 본다. 그들이 보고 듣고 느끼는 생의 순간들이 문장이 되어 우리에게 온다. 시를 짓는 사람이 환하게 열어 보인 시작(始作)의 장면들. "빠르게 말고 리듬에 맞춰 천천히" 음미하면 좋겠다. 그들이 응시한 곳에서 피어난 시작(詩作)의 순간이 밝아온다.

삼각지 사무실에서

시절 대표 오종길

차례

기다리는 기분	007
오 은 | **'이따금'과 '항상' 사이에서**	015
신이인 | **웃기는 인간 이야기**	037
성동혁 | **호흡**	059

박연준 | **사랑이 부족하든 사랑이란 말이 부족하든**　069

연정모 | **헤엄을 상상하기**　091

송희지 | **시작 노트**　113

한영원 | **콜비츠 연습 (Kollwitz Spiel)**　133

— **오은**

— 2002년 『현대시』로 등단했다. 시집 『호텔 타셀의 돼지들』 『우리는 분위기를 사랑해』 『유에서 유』 『왼손은 마음이 아파』 『나는 이름이 있었다』 『없음의 대명사』, 청소년 시집 『마음의 일』, 산문집 『너는 시방 위험한 로봇이다』 『너랑 나랑 노랑』 『다독임』 『초록을 입고』 『뭐 어때』 『밤에만 착해지는 사람들』 등이 있다. 박인환문학상, 구상시문학상, 현대시작품상, 대산문학상을 수상했다. 작란(作亂) 동인이다.

'이따금'과
'항상' 사이에서

잠자리에 든다. 잠자리에 든다고 곧장 잠들지는 못하지만, 하루 중 내가 가장 좋아하는 시간이 바로 이때다. 오늘이 비로소 마무리되고 있음을 확인하는 시간. 베개를 베고 이불을 덮고 심호흡한다. 이 순간을 향해 오늘을 살았다는 착각에 슬며시 웃음이 난다. 어떤 미련도 없이 발 뻗고 잘 수 있다는 게 실로 기쁘다. "하루 중 언제가 제일 행복해요?"라는 질문에 나는 망설임 없이 답하곤 했다. "자기 직전이요!" 내일 아침 눈뜰 때 새소리가 들린다면 더없이 좋겠다.

    자리에 누워 오늘(이라고 쓰지만, 실은 이미 어제가 된 경우가 많다)을 가만가만 떠올리기 시작한다. '오늘 한 장면'을 찾는 시간이다. 머릿속에 퍼뜩 떠오르는 장면이 있으면 좋으련만, 정신없이 보낸 하루일수록 한 장면이 잘 나타나지 않는다. 그때는 스마트폰의 도움을 받아야 한다. 여기저기 오가면서 찍은 사진 중 하나를 골라 진득하게 바라본다. 사진에는 장면만 담겨 있는 것이 아니다. 그것을 찍을 때의 시점, 찍은 이유, 찍고 나서의 감정이 한데 담겨 있다. 나는 그 장면으로부터 오늘의 이유를 발견한다. 오늘을 오늘답게 해준 이유, 오늘이 꼭 있어야 했던 이유. 이 한 장면만으로도 오늘은 어제뿐 아니라 그 어떤 날과도 다른 날이 되었다.

너무 바쁜 날에는 머릿속에 남는 장면도, 스마트폰에 저장된 사진도 없다. 몸은 고단하지만 마음이 부산해진다. '오늘 어디 갔었지? 무엇을 보았지? 어떻게 이동했지? 왜 사진 한 장 남기지 못했지?' 아직 오늘을 살고 있는데 가끔 그것이 너무 멀게 느껴진다. 빽빽한 일정에 틈을 만들어두지 않은 탓이다. '그때 그 장면을 왜 사진에 담지 않았지? 그 사람이 했던 말이 정확히 뭐였지? 전봇대에 붙어 있던 전단에 특이한 게 있었는데. 엄청 큰 배낭을 멘 채 고개를 푹 수그리고 지나가던 이가 분명히 있었는데.' 탐색이 길어지면 심신에 각성 상태가 찾아온다. 사서 고생을 하는 것이지만, 이 고생은 당장 무를 수도, 그렇다고 어디 팔 수도 없는 것이다.

장면을 찾는 데서 여정이 끝나는 것도 아니다. 장면은 나를 시작하게 해준다. 무엇을? 상상을. 그 장면에 깃든 비밀을 찾는 게 내가 기쁜 마음으로 하는 일이다. 이 벤치는 언제부터 여기에 있었을까. 저 인형은 아직 새것 같은데 왜 버려졌을까. 경고문의 수위는 왜 점점 높아지기만 할까. 사람의 뒷모습을 찍은 사진도 여럿 있다. 뒷모습이 말해주는 게 있었다. 앞모습이 아득바득 가장(假裝)할 때조차 뒷모습은 나직하게 고백하는 것이다. '저는 오늘 힘들었어요. 내일이 오는 게 두려워요. 어떤 하루는 시절 같기도 하더라고요.' 그 사람의 삶을 상상한 뒤 스마트폰 메모장에 몇 줄을 보탠다. 개중 어떤 메모는 시가 되기도 한다.

근데 취미가 뭐예요? 그는 살면서 이 질문을 가장 많이 받았다 취미가 뭐냐는 질문 앞에는 으레 근데라는 말이 붙었다 화제를 전환하기 위한 말이었으므로 그는 늘 무방비 상태에서 저 질문을 맞이해야만 했다 글쎄요 근데를 받을 수 있는 단어에는 글쎄만 한 게 없었다

―「읽는 사람」(『나는 이름이 있었다』, 아침달, 2018)
中에서

책을 읽으며 걸어가는 사람을 본 날, 나는 이런

메모를 남겼다. "취미를 물을 때 독서라고 답하면 빤한가, 무난한가, 누군가에게는 샌님처럼 보이기도 할까. 꼭 책만을 읽을 필요가 있을까? 책을 비롯해 잡지나 신문, 벽보나 전단, 하다못해 우유갑 뒷면에 적힌 영양 성분 같은 것까지 닥치는 대로 읽는 사람은 없을까." 시가 되는 과정은 엉뚱하다. 다음 날 나는 메모에 아래의 문장을 덧붙였다. "삶이 각박해서 취미를 갖지 못한 사람이라면 어떨까. 비로소 먹고살 만해졌을 때 취미를 갖기로 마음먹었다면, 그는 과연 무엇을 취미로 선택할까. 취미를 갖기 위해 불특정 다수에게 물을 수도 있지 않을까." 그 사람이 되어 생각하고 움직이기 시작할 때, 시는 슬그머니 몸집을 키운다.

그날 밤 그는 집에 와서 온라인상으로 익명의 사람들에게 물었다 취미로 뭘 하면 좋을까요? 굴비처럼 댓글들이 달리기 시작했다 생전 처음 받아보는 관심이었다 독서가 무난하지요 읽는 사람은 있는 사람처럼 보이잖아요 음악 감상도 나쁘지 않아요 장르는 재즈나 록을 추천해요 근사하잖아요 참, 여행도 좋아요 진취적이면서도 자유롭고 웬만한 사람들이 좋아하니 함께 어울릴 수도 있잖아요 그는 백여 개의 댓글들을 읽고 곧바로 읽는 사람이 되기로 결심했다 있는 사람이 되고 싶다기보다는 무난한 사람이 되고 싶었다 아침에는 분명 취미가 없는 사람이었는데 밤에는 취미를

가진 어엿한 사람이 되어 있었다 근데와 글쎄
는 앞으로 만날 일이 없을 것이다

― 「읽는 사람」 (『나는 이름이 있었다』, 아침달, 2018)
中에서

　읽는다는 것은 무엇일까. 무엇을 읽을 수 있을까. 읽으면 안 되는 것도 있을까. 시를 쓰면서도 머리 한쪽에서는 읽는다는 것에 대한 상념이 그치질 않는다. 나는 그가 닥치는 대로 읽게 한다. 활자로 된 것이라면 무엇이든. 그는 언제 어디서든 읽는 사람이 된다. 많이 읽어서 그는 상식이 풍부해졌을까. 비로소 취미가 있는 사람으로 인정받았을까. 질문과 상념이 꼬리에 꼬리를 물 때, 문장은 다른 문장을 불러들인다. 불러오는 방식이 아닌 불러일으키는 방식으로. 그때 일어나는 비약(飛躍)이 좋아서 나는 시 속 장면에 깃든다. 물든다. 선뜻 빠져든다.

확실히 읽는 사람은 있는 사람처럼 보이는 것 같았다 다른 건 없어도 취미만은 확실히 있는 사람 말이다 그는 언제 어디서든 읽는 사람이었다 벤치에서든 식당에서든 지하철에서든 지하철 역사 내 화장실에서든 그는 읽었다 벤치에서든 식당 의자에서든 지하철 좌석에서든 화장실 변기에서든 읽는 자세에서는 매번 열정이 느껴졌다 취미를 물을 이유가 없었다

명백한 것 앞에서 사람들은 굳이 얼룩을 찾으려 하지 않는다

―「읽는 사람」(『나는 이름이 있었다』, 아침달, 2018)

中에서

　읽는 일의 마지막 장면은 무엇이 되어야 할까. 소화되지 않은 글은 몸속 어디에 남아 있을까. 읽는 행위에만 집중한 나머지, 그는 정작 무엇을 읽고 싶은지 자신에게 단 한 차례도 묻지 못한 것은 아닐까. 답을 구하기 위해 평생을 노력했으나 막판에 가서는 자신이 품은 질문이 떠오르지 않는 이도 있을 것이다. 그에게 책은 큼지막한 답이었을까, 커다란 질문이었을까.

질문에 대한 답을 찾았는데, 더 큰 질문이 찾아드는 때도 있을 것이다. 그래서 이 시는 다음과 같은 문장으로 끝난다. "수만 페이지에 달하는 분량을 읽었지만 그는 정작 제 마음만은 읽지 못했다".

나 아닌 다른 사람이 되어보는 일은 모험이다. 여정이 위험하지도 않고 생사나 전 재산을 걸 필요도 없지만, 모험이 끝날 때면 어김없이 짜릿하다. 실패를 무릅쓰고 한 것이기 때문이다. 비록 남들이 눈여겨보지 않더라도, 어딘가에 당도했기 때문이다. 하나의 모험이 끝나면 나는 산책을 나선다. 산책은 내게 쉬면서 일하는 행위다. 방금까지 일했으니 쉬어야 마땅한데 또 일하러 나가는 기분이 들기도 한다. 기진맥진한 몸으로, 동시에 알 듯 말 듯한 힘이 샘솟는 마음으로 집 밖에 나선다. 이때는 주워섬긴 말들을 수습하러 나가는 사람처럼 재바르게 움직인다. 바깥 곳곳에는 해독되지 않은 문서처럼 장면들이 펼쳐져 있을 것이다. 문서를 움켜쥔 사람처럼, 주먹을 불끈 쥐고 걸음을 옮긴다.

　늦여름 산책길에서 만난 개는 몹시 더워 보였다. 그 개와 나는 우연히 골목에서 마주쳤는데, 둘 다 천천히 걸었다. 갈 곳이 없어서가 아니었다. 상대를 경계하며 걸어서도 아니었다. 날이 몹시 무더웠기 때문이다. 나는 어쩌자고 외투를 입고 나왔는지 알 수 없었다. 가을호 원고를 마감했다는 사실이 나를 들뜨게 했던 것일까. 외투를 벗어 손에 들면 되는데, 그저 어서 빨리 시원한 곳으로 들어가고 싶은 마음뿐이었다. 우리는 서로가 서로에게 다가온다는 사실을 알았다. 스치고 훑고 또다시 제 갈 길을 갈 것이었다. 내 눈과 개의 눈이 마주쳤을 때, 우리는 동시에 더위에 대한 공감을 주고받았다. 그 감정은 주고받기 전에 이미 공감이었다. 왜냐하면 둘 다 땀을 흘리고 있었기 때문이다.

    개가 한 마리 다가오고 있었다

    처음 보는 개

    개도 나를 처음 봤을 것이다

    내가 개를 스쳤다

    개가 나를 훑었다

    낯이 익고 있다

냄새가 익고 있다

─「계절감」(『유에서 유』, 문학과지성사, 2016) 中에서

며칠이 흘러도 개가 머릿속에서 지워지지 않았다. 그 개를 일부러 지우려고 애쓰지도 않았다. 개는 갈 곳이 있었을까, 밥을 먹긴 했을까, 더위를 식힐 데를 걔가 마침내 찾아냈을까 같은 질문이 이어졌다. '개'가 '걔'가 되는, 깃드는 순간이었다. 찾으려고 애써야 겨우 보이는 장면들 속에서, 잊히지 않고 점점 선명해지는 장면은 얼마나 귀한가. 개와의 마주침에 대해 쓰지 않으면 안 된다고 느꼈다. 땀내가 진동하던 골목 안으로 다시 선선히 걸어 들어갈 시간이었다.

땀이 흐르는데도

개는 가죽을 벗지 않고 있었다

어쩔 수 없는 일

땀이 흐르는데도

나는 외투를 벗지 않고 있었다

어찌하지 않은 일

우리는 아직 껍질 안에 있다

―「계절감」(『유에서 유』, 문학과지성사, 2016) 中에서

'어쩔 수 없음'과 '어찌하지 않음' 사이에서, 계절이 가고 있었다. 여름이 가고 가을이 오고 있었다. 이제는 계절의 경계가 분명하지 않고 어떤 계절은 다른 계절에 비해 길다는 것을 아는 나이가 되었다. 여름과 겨울에 더욱 친숙해져야 한다는 것도 잘 안다. 그러나 계절감, 그러니까 "계절의 변화에 따라 일어나는 느낌"이 사람마다 어찌 같을 수 있을까. 직장인에게 끔찍한 월요일이 누군가에게는 일주일 중 유일하게 쉬는 날일지도 모른다. 계절도 마찬가지일 것이다. 「계절감」의 마지막에 나는 이렇게 썼다. "미련이 많은 사람은/ 어떤 계절을/ 남보다 조금 더 오래 산다". 미련 때문에, 여운 때문에, 아직 발생하지 않은 사건 때문에 현장을 못 떠나고 남아 있는 사람, 나는 이 시

덕분에 —그곳이 잠자리이든 현장이든— 드는 일이 얼마나 중요한지 알게 되었다. 드는 일의 끝에는 깃드는 순간이 있을 것이다. 작은 기적처럼, 기척처럼.

 이제 정말 잠자리에, 아니 잠에 들 시간이다. 내일 해야 하는 일정을 체크하고 손 닿지 않는 곳에 스마트폰을 놔둬야 한다. 무의식중에 알람을 끄고 다시 잠든 적이 있기 때문이다. 다음 날 아침에 일찍 일어나지 않아도 되는 때에는 알람을 설정하지 않는다. 푹 자야겠다고 이불 속에서 작게 소리 내어 다짐하지만, 마음처럼 되지 않는 게 수면의 양과 질이다. 나는 꿈도 잘 꾸지 않는다. 숙면해서가 아니라 자주 깨서 그렇다. 꿈속에서 본 장면을 시로 쓰는 시인들이 부러울 때도 있었다. 이야기의 형태로 생생하게 기억하는 시인들을 보면 그저 놀라웠다. 그러나 이제는 내가 있어야 할 곳이 어딘지 안다. 다름 아닌 '이따금'과 '항상' 사이다. '어쩔 수 없음'과 '어찌하지 않음' 사이다.

"아빠, 나 왔어!" 봉안당에 들어설 때면 최대한 명랑하게 인사한다. 그날 밤 꿈에 아빠가 나왔다. "은아, 오늘은 아빠가 왔다." 최대한이 터질 때 비어져 나오는 것이 있었다. 가마득한 그날을 향해 전속력으로 범람하는 명랑.

─「그곳」(『없음의 대명사』, 문학과지성사, 2023) 全文

'이따금'이기에 아빠가 꿈속에 나타난 저 날을 결코 잊을 수 없다. 나는 새벽에 일어나 노트에 문장을 적어 내려가기 시작했다. 깨지 않고 더 잤으면 아빠와 더 많은 대화를 나누었을 텐데 못내 아쉬워하면서 말이다. 명랑하게 웃는다고 생각했지만, 그날 밤 나는 또랑또랑하게 울고 있었다. '항상' 그리워하고 있었다는 사실이 생생해졌다. 그리움을 쟁이고 사는 사람들은 그것이 언제 터질지, 어떻게 흘러넘칠지 알 수 없다는 것을 깨달았다. 과거는 점점 아득해지겠지만, 어떤 감정은 더 빽빽해지기도 한다. '항상' 속에서 '이따금'의 출현이 반가운 이유다. 동시에 '이따금'을 떠받치는 '항상'이라는 상태가 고마운 이유다.

내 명함에는 다음과 같은 문장이 적혀 있다.

"이따금 쓰지만 항상 쓴다고 생각합니다. 항상 살지만 이따금 살아 있다고 느낍니다." 내게는 발 들이는 모든 곳이 잠재된 시적 공간이다. 글이 잘 안 써질 때면 어김없이 바깥으로 나가는 것도, 있는지 없는지조차 모르는 어떤 낌새를 찾으러 데바삐 돌아다니는 것도 이 때문이다. 그때마다 들고 깃든다. 들고 물든다. 들고 빠져든다. 오늘도 나는 '이따금'과 '항상' 사이에 있다.

신이인

시 쓰면서 살고 있다. 시집은 두 권 냈고 시집 아닌 책도 몇 권 냈다. 웃기는 인간보다 재미있는 사람이 되고 싶다. 재미있는 사람보다 잘 사는 사람이 되고 싶다.

웃기는 인간 이야기

1

반원형의 좁은 무대가 있다. 주변의 어둠이 짙어 관객이 얼마나 모였는지는 알 수 없지만 꽤 많은 사람들에게 에워싸인 느낌이다. 사람 눈동자가 내는 빛 아닌 빛이 여기저기 많은 느낌. 나는 달랑 마이크 하나만 들고 이 무대로 나간다.

내겐 임무가 있다. 그건 마이크를 사용해서 누구로, 얼마만큼으로 이루어졌는지 모를 이 어둠을 간지럽히는 일이다. 웃음으로 출렁이는 공기를 만드는 일이다. 식은땀을 흘리며 무대로 걸어나가는 것까지가 요즘 내가 자주 꾸는 악몽의 내용이다.

너무 무섭다.

어쩌다 이런 꿈을 꾸게 되었는지 짐작 가는 바가 확실히 있다. 올해 들어 몇 번 스탠드업 코미디를 보러 갔던 것이다. 코미디언의 숏폼 영상을 접하고 단순한 호기심 혹은 새로운 콘텐츠를 좇는 마음으로 공연장을 찾았던 게 시작이었다. 그때는 '음, 아직 무엇이라 정의하긴 어려운 기분, 살면서 여러 번까지는 아니어도 한 번쯤은 해볼 만한 체험' 정도의 뜨뜻미지근한 감상만 얻고 돌아왔었다.

그건 19세 미만이 관람할 수 없는 공연이었다. 스탠드업 코미디란 기본적으로 그렇게 짜여 있는 듯했다. 그렇더라고, 농담이 세더라고, 이러이러한 이야기들이 있더라고 가까운 친구들을 만나 떠들었다. 친구들은 흥미로워했다. 그중 몇은 살면서 한 번쯤 하면 좋을 거라는 그 체험을 함께해 주지 않겠냐고 역으로 제안해왔다. 일종의 영업을 당한 것도 같았다. 그렇게 여러 명의 한 번이 모여 나의 몇 번을 만들어냈다. 그쯤 가니 난 이미 스탠드업 코미디를 정기 관람하는 팬이 되어 있었다.

스탠드업 코미디를 처음 봤을 땐 알쏭달쏭했다. 내가 이것을 좋아하는지 안 좋아하는지 모르겠다는 인상을 받았다. 단순히 웃긴 이야기를 늘어놓는다기보다, 뭐랄까? 선을 넘는 데에 목적이 있는 쇼 같았다. 첫날 나는 벌겋게 상기된 얼굴로 소리치듯 웃었다. 무대에서 '선 넘기'가 무엇인지 보여주는 사람을 신속하게 웃음으로 둘둘 둘러주어야만 하겠다는 강박을 느꼈다. 내가 웃지 않는다면 저 사람은 진짜로 선을 넘는 게 되어버리기 때문이다. 여러 종류의…… 돌이킬 수 없는 선을. 그러니까 사실은 웃을 수 있는 이야기보다는 웃어야만 하는 이야기가 많았던 셈이다. 하지만 나는 뻔하디뻔한 인간이기 때문에 웃어서 행복했다. 행복해서 웃는 게 아니라 웃어서 행복한 거라는 명언은 유명한 만큼 옳았다.

내가 들었던 농담을 그대로 옮겨 적을 수는 없다. 그건 코미디언 선생님들의 아이템이니까. 단지 이야기의 이해를 돕기 위해서 기억에 남는 부분을 요약해보자면…… 이런 식이다.

<예수님의 남자 취향>
<박근혜의 풀발기사정>
그리고……

자세히 적을 수 없는 이유가 또 있다. 여기는 지면이니까. 거기는 코미디 공연장이고. 거기와 여기가 편히 나눠쓸 수 있는 말은 그리 많지 않다고 판단한다. 고작 몇 개의 단어에 한할지라도 그 말들을 사용하는 데 있어 나는 혼란스러움, 두려움을 느끼고 만다.

말로 빚어지는 세계의 극단을 연결하는 선.
그 위를 아슬아슬하게 타는 묘기.
그리고 그 묘기를 관람하는 기분.

이런 것을 유희로 느껴도 될까. 함께하는 관객을 한 사람 한 사람 불러 놓고 왜 웃고 있느냐고 물어보고 싶었다. 그러나 겉으로는 나도 웃는 수밖에 도리가 없었다.

그렇게 웃다 보면 생각하게 되었다. 우리는 웃

음으로 저 코미디언을 보호하자고 암묵적인 합의를 한 사람들이다. 저 코미디언은 어쩌면 인간성이라든가 가치관 같은, 어떤 이들에게는 목숨처럼 느껴지는 것을 걸고 이 무대에 올라 있다. 우리는 단순히 웃을 거리를 찾을 요량으로 이 장소에 온 게 아닐지도 모른다. 웃음은 이 세계의 안전망이다. 공연자들이 짠 서커스가 무사히 끝날 수 있게 하는. 사고가 일어나지 않게 하는. 우리는 단지 볼 뿐이다. 그들이 빚어 가져온 말이 수치심, 이념, 폭력, 계급성 같은 의미를 지워내며 아주아주 가볍게 휘발해버리는 장면을 구경할 뿐이다. 그 작업을 긍정한다고, 존중한다고, 나는 거기에 당해버렸다고 웃음으로 화답하는 것이 내가 수행하는 관객의 몫이었다.

시인—말에 현미경을 들이대고 세공하느라 지친 사람—이 스탠드업 코미디에 매료되는 건 자연스럽고 뻔한 수순이었을지 모르겠다. 나는 해방감을 느꼈다. 말은 이토록 거칠게 다루어질 수 있다. 그것이 아무것도 아닐 수 있다.

2

최소한의 생활비를 벌기 위해 시 창작 수업을 한다.

조사 하나도 무신경하게 쓰면 안 된다고, 시의 리듬과 분위기가 달라진다고 나는 말한다. 나는과 내가, 햇빛과 빛, 그러나와 하지만의 차이를 설득하는 데에 시간을 쓰다가 곧잘 연장 수업을 한다.

지난주에는 수업을 마치고 선유도공원에 갔다. 밤 열 시였고 친구의 차 안에서는 갓 튀긴 통닭 냄새가 났다. 우리는 돗자리를 펴고 누워 검고 굵은 나뭇가지가 덜 검은 하늘을 절도 있게 조각내는 것을 올려다보았다. 덥지 않아서 좋았지만 모기에게 손목과 발목을 물렸다.

친구는 회사에서 있었던 일을 말해주었다. 회사를 다니지 않는 입장에서 회사원들이 겪는 에피소드는 얼마간 신기하고 유쾌하게 들린다. 특히 의사소통할 때 그들이 사용하는 언어에 대하여 나는 관심을 보인다. 예의를 차리면서 정확하게 의견을 주고받을 수 있도록 어느 정도 매뉴얼화된 말들.

　회사에서 온 전화를 받는 친구의 음성을 들으며 생각한 적 있다. 나도 같은 회사를 다녔다면 저렇게 깍듯하게 인사하고 완곡하게 표현할 수 있었을까. 말 아래에 서늘하고 단단한 막이 존재하는 듯이, 어느 선 이상으로는 결코 자신을 노출하지 못하는 것처럼 이야기하는 사람이 될 수 있었을까. 그것이 저들의 일에 있어서 중요한 태도라면⋯⋯.

　내 일에는 자부심이 있다. 어느 정도냐 하면 내 일을 민망해하는 정도와 딱 비슷한 정도다.

　그래서 아직도 헷갈려하곤 한다. 사람들이 내가 쓴 글을 자꾸 읽는 상황을 나는 좋아하는지, 싫어하는지. 그게 내게 좋은 일인지, 안 좋은 일인지 여전히 판단할 수 없다.

　　작가에게 있어 어떤 말하기 태도가 좋은 것인지 작가들은 알 수 있는가? 불행히도 확신할 수 없다. 나는 나의 방식을 후회할지도 모르겠다. 그러나 무대에 나온 이래로 하는 수 없이 가야만 했다. 스스로를 믿고 마이크를 들어야 했다. 따르고 싶은 선생도 없이 자기 확신에 젖은 채로, 잘 말했다가, 말실수했다가, 완전 괜찮게 말했다가, 큰 말실수를 했다가…… 이런 역사를 모두 종이에 기록한 채로 작가라는 인정을 얻고 싶어 했다. 그 과정에서 나를 너무 많이 노출했다고 생각한다. 함께 일하는 사람들에게. 함께 일하지 않는 사람들에게. 사람을 좋아하지 않는 사람들에게. 남을 귀여워할 이유가 없는 사람들에게.

　　역술인이 말하길 나는 칼을 잡아야 할 팔자라고 했다. 무슨 일 하고 있나요, 해서 글 쓰는 일 합니다, 대답했더니 펜촉도 금속이니 칼과 같다며 그럴듯하고 억지스러운 해석을 더해주었다. 하긴 펜은 칼보다 강하다고들 하니 의미가 안 통할 것은 없지. 모쪼록 잡아야 할 것을 잡고 있는 기분이다. 펜이라는 무기를 잡기 이전에 난 아무것도 아니었는데 이후에는 전장에 있는 장군이 된 것 같았다. 담대하기, 신중하기, 조심하기, 자만하지 않기. 다짐의 내용만 보면 꼭 외줄타기를 하는 광대가 된 것 같았다.

　　장군은 싸움을 하고 광대는 싸움을 무화시킨

다. (싸움을 하는 광대도 있겠지만, 적어도 무대 위에서는 그렇다.) 장군은 칼을 휘두르는데 광대는 칼을 삼킨다. 장군은 많은 이들을 죽이는데 광대는 죽음의 위험 아래에 오로지 자기 자신만을 내맡긴다. 둘은 똑같이 목숨을 걸었음에도 다른 극단을 향해 달려간다.

글쓰기에 삶을 걸고 싶지 않았다. 그러나 내 펜은 다소 방정맞았다.

펜은 나를 배신하고 치부를 들추기 시작했다. 어둠 속에 가득 박혀 있을 눈들에게 기다렸다는 듯 자기 주인의 연약한 부분을 발설하기 시작했다. 재미있는 것은 이 과정 중의 내가 행복했다는 사실이다. 체해서 손을 땄을 때처럼, 나름대로 피를 토하는 손가락을 내려다보면서 편안해졌다는 사실이다.

그러니 계속 말해야 했다. 계속 말하기 위해서 말을 고르고 눈치를 보아야 했다. 내 무기는 나를 구하는 동시에 겨냥하고 있었다.

3

언어는 남을 해치는 도구가 될 수 있는가.

있겠지.

어떤 방식으로?

어떤 방식으로든.

가끔 내게 상처를 주었던 언어를 되뇌어본다. 그것들은 다양한 형태로 삶에 나타났다가 어느 시기에는 아예 없었다는 듯 사라지거나 전혀 악의가 없었던 것처럼 재해석되기도 했다.

일 대 일로 내 귀에 꽂히는 말일 때가 있었고, 내가 결코 듣지 못할 자리에서 은밀히 옮겨 다니는 말이기도 했고, 날 탓하지 않았으나 왠지 모르게 스스로를 의심하게끔 작용하며 머릿속에서 떠나지 않는 말이던 때도 있었다.

그러나 그 모든 말들이 과연 부당했는가?

누군가에게는 몹시 정당했다고 생각한다.

나도 스스로에게 정당하고 타당하기 짝이 없는 말을 참지 못하는 사람인데. 도대체 참을 수가 없어 괴로워하는 사람인데.

어느 날 무대에 오른 내가 여느 때처럼 정당하다고 여겨지는 말을 시작했을 때, 세계의 대척점에 있는 누군가 나타나 고통을 호소하기 시작한다면.

쇼를 중단해 달라고 요청한다면…… 이 모든 것을 웃어넘겨주지 않는다는 사실에 나는 얼마나 억울해할 수 있을까.

나도 고통을 피해 이곳으로 도망 온 사람입니다.

여기에 도착하기까지 많은 것을 웃어넘겨야만 했습니다.

내 삶이 당신에게 해롭습니까?

당신을 불유쾌하게 만드는 지점이 꼭 하나도 없어야겠습니까?

나는 고집스럽게 당신 특유의 무해함을 파괴하고 싶습니다.

그렇지만 이 마음도 웃어넘길 수 있습니다.

당신도 웃어보세요. 웃으면 행복해집니다.

그 웃음에 나도 존재하게 됩니다.

당신의 세계와 내 세계를 아슬아슬하게 오가면서 말입니다.

스탠드업 코미디를 좋아한다고, 그것은 사실 글 쓰고 부담감을 느끼고 사람들의 얼굴을 살피면서 좋은 반응을 구하는 일과 다르지 않을 거라고 이렇게 적어 놓는 게 무슨 의미가 있을까. 무슨 말을 하고 싶은 걸까, 나는 또? 코미디는 코미디이고 문학은 문학인데. 좋아하는 것을 좋아한다고 말하는 것만으로는 안 되는 거였나. 감각과 논리를 사용해 억지 부리는 일을 경계하자. 이것 봐. 여전히 의미에 집착한다. 가끔은 내 일이 무섭다. 의미를 이끌어내기 위해서 자세히 들여다보고 교점을 찾고 집요하게 엮어버리는 눈과 손이 징그럽다. 한편 같은 시각, 세계 반대편에서는 정치와 종교와 섹스를 엮어서 사람들을 웃기기도 하는데.

여름마다 개봉하는 공포영화를 도장깨기하듯이 보러 가곤 했다. 몇 년 전부터는 눈이 나빠지기 시작해서 영화관에 자주 가지 않게 되었지만. 그래도 무서움을 감각하는 일은 여전히 재미있다. 정확히는 무엇이 사람들로 하여금 무서움을 느끼게 하는가, 를 톺아보는 일이 즐겁다. 깜짝 놀라는 것. 예상할 수 없는 일이 벌어지는 것. 잘 알지 못하는 사람 또는 사물을 가까이에 두는 것. 하지 말라는 걸 꼭 해 보는 것.

만화가 이토 준지는 자신을 괴롭히는 친누나에게 영감을 얻은 후 죽여도 죽여도 되살아나는 악독한 여자아이 캐릭터를 만들어냈다. 영화감독 아리 애스터는 연인에게 외면당한 감정을 인정해주는 가상의 공동체와 그 안에서 연인을 살해하기까지의 이야기를 그렸다. 실생활에서의 공포는 막연하고 허무맹랑한 귀신 얼굴을 하고 있지는 않았음을 상기해본다. 정말로 무서운 일은 가까이에 있었다.

나의 말이 의미를 잃고 무력하게 변하는 것이

무섭다. 동시에 그 가능성에 기대지 않고는 말할 수 없다. 나는 예측 불가능한 말을 하고 싶었고, 낯선 말을 하고 싶었고, 하지 말라는 말을 해보고 싶었다. 여기서 하는 이야기들은 다 농담입니다. 다 웃자고 하는 이야기입니다. 너무 많은 말을 할 것 같으면 도입부에 이 같은 안내 사항을 달고 시선을 회피하고 싶었다.

자꾸 스탠드업 코미디언이 되어 식은땀을 줄줄 흘리는 무서운 꿈을 꾼다고, 그냥 그런 내용의 좀 웃기고 시답지 않은 이야기를 하고 싶었는데 역시나 진지해지고 말았다. 어느 정도는 삶으로 코미디를 수행하고 있다는 기분이지만, 그래서 코미디가 무섭고, 그리하여 코미디를 좋아한다는 고백을 길게도 한다. 나의 무기로.

　　올해는 염장 다시마로 오이절임 만드는 법을 배웠다. 잘 될 줄 알았던 우체국 공무원 준비는 때려치웠다. 새 시집이 나왔지만 정신은 주로 시집 아닌 다른 곳에 팔고 있다. 몸이 안 좋았는데 가족에게 말하지 않았다. 가끔은 밖에 나가 사람들을 만나고, 대부분은 집에 틀어박혀 그들 앞에서 내가 했던 실수에 대해 생각한다. 웃지 않으면 이상해지는 날들은 어김없이 숱하다.

— **성동혁**

— 2011년 《세계의 문학》 신인상. 시집 『6』, 『아네모네』. 산문집 『뉘앙스』, 그림책 『나 너희 옆집 살아』.

── **호흡**

*

실수로부터 태어난 것들이 있습니다. 바로잡을 기회가 있었지만 그러하지 않았습니다. 그 실수가 지문 같아서. 나를 알아볼 수 있도록.

안감을 뒤집어 내어놓는 빨래처럼. 흰 주머니

처럼.

　　나는 완성된 적 없고, 그래서 나의 시 또한 완성된 적 없던 건 아닐까. 요즘은 그런 생각을 합니다. 첫 시집을 내기 전, 두 번째 시집을 내기 전에 알았다면 시를 쓰는 것에 즐거움을 느꼈을지도 모르죠. 완성이라는 환상에 빠져 지내진 않았겠지요.

　　쓰지 않는 삶을 꿈꿉니다. 미완을 인정하고, 내보내는 일은 쉽지 않습니다. 적나라한 일이고, 반성하게끔 합니다. 나의 직업은 후회를 줄이는 일입니다. 무슨 연유로 이렇게 많은 말을 부려 놓았을까. 대단한 것들도 아닌데. 나무를 벨 정도의 일이었을까.

글씨 쓰는 걸 좋아한 건 아닐까. 잉크 채우는 일을 좋아한 건 아닐까. 연필 깎는 소리를 좋아한 건 아닐까. 두꺼운 종이를 만져보고 싶었던 건 아닐까.

*

연건동 28, 지난주에도 그 전주에도 그곳에 있었습니다. 몇 달 전에도, 작년에도, 십 년 전에도, 이십 년 전에도, 삼십 년 전에도, 그보다도 앞서 그곳에 있었습니다. 크리스마스에도 새해에도 방학 때도 개학 때도.

두려움은 누워 있을 때 몰려옵니다. 두 발로 도망칠 수 없을 때. 두려움은 고통의 보호자입니다. 간절함은 그런 곳에서 태어납니다.

그곳에 누워 있었습니다. 함께 있는 곳이니까, 지낼 만하다고 느낄 때도 있었습니다. 그러나 완벽히 나누어 가질 순 없습니다. 고통을 나눌 수 있는 수식은 없습니다. 각자 견뎌야 할 순간이 오기 마련입니다.

한번 찌른 바늘은 다시 쓸 수 없습니다. 시도 그렇습니다. 한번 쓰고 버리지 못하면 위험해집니다. 일회용품의 진원지. 제 시는 그곳에서 태어났습니다.

*

    소리 내어 읽습니다. 거짓말을 하고 있나. 입 밖으로 꺼내면 안 되는 말이 있나. 서두르다 넘어질 것 같나. 외따롭게 땅을 보고 있나. 조사가 이물감 들지 않나. 다른 곳으로 새지 않고, 제 걸음으로 가는가. 알고 있습니다. 스스로. 누구도 나 대신 나의 목소리를 낼 순 없으니. 나는 나를 책임져야 합니다. 무서운 말입니다.

    멈칫하는 순간이 필요합니다. 시와 나 사이, 명

확히 이어진 선분 앞에서, 숨을 돌리는 순간.

　내리막을 내달리듯 하면 안 됩니다. 가속도가 붙지 않아야 합니다. 언제 어디서 무엇이 튀어나올지 모르니까요. 시를 읽는 일은, 불시에 맞닥뜨린 풍경을 넘기지 않는 일이니까요. 불시에 찾아온 말을 거두어 기르는 일이니까요.

　소리 내어 읽습니다. 그보다 나를 무섭게 하는 일은 없습니다. 그런 사람들을 생각하며 씁니다. 그런 종류의 공포를 가지고 씁니다.

*

시를 사랑하나요. 시를 쓰는 사람을 사랑하나요. 시를 읽는 사람을 사랑하나요. 시집의 크기를 사랑하나요. 시집을 넘길 때 나는 소리를 사랑하나요. 검지로 느끼는 두께를 사랑하나요. 같은 시집을 들고 만나는 사람들을 사랑하나요. 골목에 가지런히 꽂혀 있는 서점을 사랑하나요. 이야기를 사랑하나요. 불가능을 사랑하나요. 이십 대를 사랑하나요. 삼십 대를, 사십 대를, 오십 대를 사랑하나요. 죽음 앞에 남겨 둔 것을 사랑하나요.

릴케를 사랑하나요. 프랑시스 잠을 사랑하나

요. 마야꼽스끼와 뿌쉬낀을 사랑하나요.

 사랑은 멀지 않고. 서로 밀고 당기다 주저앉는 중력이고.

 그 자리에 뿌리를 내리는 게 시인이고.

 시는 편법을 모르는 열매겠죠.

 우매하게 빛나는.

*

 가장 먼저 출발해 마지막에 들어오는 사람. 자유. 자유하길.

시는 당신을 위해 존재하지만, 당신은 시를 위해 존재하는 게 아니니까. 당신은 당신을 위해 존재해야만 합니다. 그래야 안전합니다.

그러니 책을 덮고 단잠을.

종이 건너의 시인들.

자유. 자유하길.

── **박연준**

── 파주에 살며 시와 산문을, 이따금 소설을 쓴다. 대체로 태평하고 이따금 종종거리며 산다. 숲길 걷기, 사물 관찰하기, 고양이 곁에 앉아있기, 발레를 좋아한다. 사람들과 '쓰는 기분'을 나누며 매일 꾸준히 자라는 어른이 되고 싶다.
2004년 '중앙신인문학상'을 받으며 등단했다. 쓴 책으로 시집 『속눈썹이 지르는 비명』, 『아버지는 나를 처제, 하고 불렀다』, 『베누스 푸디카』, 『밤, 비, 뱀』이 있고, 장편소설 『여름과 루비』, 산문집 『소란』, 『밤은 길고, 괴롭습니다』, 『모월모일』, 『고요한 포옹』 등이 있다.

사랑이 부족하든 사랑이란 말이 부족하든
— 2025년 여름에 한 생각들

1

일요일 오전 10시. 주문한 쌀 8킬로그램이 왔다. 무겁지도 가볍지도 않은 무게다. 언제부터인가 너무 많은 양의 쌀을 사지 않는다. 쌀벌레가 생기지 않을 정도, 소비 기간이 길어져 '묵은 쌀'이 되지 않을 정도의 쌀만 사기로 한다. 쌀을 사각 플라스틱 통에 쏟을 때 나는 소리에 집중한다. 쏴아— 하는 소리, 20대 땐 이 소리가 귀신 소리처럼 들렸다. 아귀들이 쌀 한 톨 한 톨을 붙들고 우는 소리 같았다. 30대 땐 빗소리로 들렸다. 사는 일은 쏟아지는 무언가를 계속 맞는 일이지, 푸념했다. 요새는 쌀 붓는 소리가 함성처럼 들린다. 어디 한 번 잘 먹고 살아 보거라. 쌀들의 응원 소리. 쌀 한 톨이 떨어질 때는 소리가 나지 않는데 '같이' 떨어질 때는 이토록 자명한 소리가 나다니. 위협적인 낙하. 빠르고 튕겨지고 투신하는 것들의 기세. 인사도 없이 떨어지는 것, 그런 게 투신일까.

    나도 참, 쌀을 통에 담는 일 하나로 이 야단이람. 하지만 이게 내 직업 아닌가, 생각한다. 쌀을 쏟을 때 들리는 소리 관찰하기. 생각하고 생각하다 종이에 투신하는 일. 요새 나는 게으름뱅이 투신자다. 꼭대기에 서서 투신을 고민하다 소리를 내지 못하는 한 톨이 된다. 느린 투신, 고민하느라 절벽 위에서 줄을 서는 자. 이것도 글쓰기의 일부다. 모든 지체에는 이유가 있다. 그렇지 않은가? 그 지체는 소중하다. 소중한 무엇이다.

김치냉장고 위에 있던 고양이가 쌀 붓는 소리에 놀라 폴짝 뛰어 가버린다. 기분과 안위를 중요하게 생각하는 녀석, 그 간단명료함이 좋다. 인간은 그렇게 살 수 없다. 싫은 것을 손에 쥐고 견딜만해질 때까지 스스로를 달랜다. 스스로를 설득하다 해가 저무는 풍경을 바라본다. 쌀을 안치고 된장찌개를 끓이고 조기를 굽고 양배추를 데치고 쌈장을 만드는데 어지럽다. 경미한 스트레스가 미열처럼 몸에 달라붙어 있다. 왜일까? 마감이 있어서다. 마감, 마감은 늘 있다. 주걱처럼 도마처럼, 썰지 않은 당근의 오롯한 주황처럼 있는 것이다. 부엌에서 시를 생각한다. 썰리지 않는 시. 볶이지 않는 시. 먹어도 먹히지 않는 시.

시를 쓰려면 가난해야 한다. 몹시.

돈에 대한 얘기는 아니다. 돈에 대한 얘기를 할 수도 있겠지만 그 얘기는 아니다. 사랑이 부족하든 사랑이란 말이 부족하든 내 속에서 어떤 '결핍'이 똬리를 틀어야 한다. 결핍이 슬금슬금 들썩여야 한다. 결핍의 키는 얼마나 될까? 결핍이 일어선다면, 나보다 훨씬 큰 몸을 세우려 한다면, 내 정수리를 뚫고 나가려 한다면! 그 순간, 나는 유연하고 말랑하며 열려있어야 한다. 사방으로 열려있다면 가장 좋을 것이다. 무엇이든 통과하기 쉬운 상태의 몸이라면 싱싱한 결핍을 밖으로 내보낼 수 있다면 좋을 것이다. 사랑이 부족하든 사랑이란 말이 부족하든 내 속에서 똬리를 풀고 배출, 탈출, 유출……. 하여간 그게 무엇이든 성공적으로 빠져나간다면. 나는 그걸 '시의 시작'이라 부를 테다.

아, 그러나 시작(始作)은 얼마나 어려운가.
아, 그러나 시작(詩作)은 얼마나 어려운가.

시는 시작한다. 결핍이 일어설 때, 결핍이 키를 늘일 때, 내 속에서 나보다 더 나인 듯 구는 허기가 진짜 내가 되겠다고 주장할 때. 이때 결핍의 형태가 사납지 않았으면 좋겠다. 사랑이 부족하든 사랑이란 말이 부족하든, 결핍은 청량하고 순진하게 나타나면 좋겠다. 누르면 눌렸으면 좋겠다. 눌린 상태로 조심조심 다시 일어나면 좋겠다. (사나운 결핍도 시를 불러오지만 나는 무엇이든 사나운 형태를 좋아하지 않는다.) 결핍이 들고 온 언어에는 언제나 의기소침이 방울방울 맺혀있으면 좋겠다. 좋은 시에는 시인의 '고유한 의기소침'이 들어있다.

결핍이 일어서는 순간, 그럴 땐 수수깡처럼 가난해진다. 본격적으로 가난해진다. 사나흘 사냥에 실패한 짐승처럼 투명하게 절박해진다. 「유월 정원」이란 시를 쓸 때 나는 투명하게 절박했던 것 같다. 일상의 모든 것이 무겁게 느껴졌다. 의무와 책임, 인내와 성취, 목표와 달성, 훌륭함, 선의, 그래야 마땅할 가치가 나를 짓눌렀다. 매너리즘에 빠진 나무는 초록 잎을 피우지 못할 거야. 여기가 벽이야. 벅차. 숨 쉬어야 해. 은둔하려는 자아가 내게 항의했다. 무언가를 해내고 해내다 해내버렸는데, 기쁘지 않아서 시를 썼다. 기억났다는 듯이.

시를 다 쓰고 나니 수수깡처럼 가난해졌다. 아

이 기분. 살 것 같은 기분. 이 기분을 사랑하기에 시를 쓴다. 수수깡처럼 가난해진다는 것은 얼마나 좋은 일인지. 수수깡이 된다는 건 얼마나 아름다운 일인지. 누가 부르면 톡, 부러질 수 있을 것 같은 기분. 텅 빔으로 가득 찬 기분 말이다. 그런데 수수깡을 만져본 지 너무 오래되었다. 어릴 때는 수수깡과 수수깡을 핀을 꽂아 연결해 집을 만들고 의자도 만들었다. 우리는 왜 더 이상 수수깡으로 무언가를 만들려 하지 않는 걸까?

    시를 쓰는 일은 어릴 때 교실에 앉아 색색의 수수깡으로 무언가를 만들던 일을 계속 하는 일인지도 모른다. 요새 나는 시를 수수깡으로 쓴다. 핀 없이도 알아서 붙거나 떨어지는 글자들. 독자들은 수수깡이 부러지는 소리를 듣거나 고요히 공중에서, 자기들끼리 붙들고 떠오르는 광경을 구경할 수 있을 것이다.

허리까지 닿는 풀들을 헤치고 앞으로 뚜벅뚜벅 나아가듯, 말들이 튀어나와 나를 숨겨주려 할 때가 있다. 그때 내 속을 휘젓고 다니는 괴로움은 너무 커서 '괴로움'이란 말로는 부족하다. 그때 내 속의 사랑은 너무 커서 '사랑'이란 말로는 부족하다. 그래서 시가 필요하다. 내가 가진 말이 가난해 이걸로는 표현이 불가능하다고 느낄 때.

문장들을 씻기고 먹이고 다듬고 기다리라고 명령한다. 이리 오라고 저리 가라고, 살아있으라 청한다.

가만히 여기에 서봐. 그거 내려놓고 이걸 들어. 움직여봐. 빠르게 말고 리듬에 맞춰 천천히. 걸어봐. 넌 죽어야겠다. 미안하지만 죽는 게 우리 모두를 위해 이롭겠어. 넌 좀 더 뚱뚱해져야 해. 그렇지. 많이 먹어. 부족해, 아직도! 넌 너무 시끄럽구나. 미안하지만 마스크를 씌울게. 넌 그대로 충분해. 이런 식이다. 나는 글자들을 설득하고 문장들에 모자를 씌우거나 벗기고 옷을 입히거나 벗기고 살려두거나 죽이면서 전진한다. 이 일에 몰두해 있을 땐 시간 가는 줄 모른다. 날이 새는 줄 모른다. 누군가 고개를 저으며 쯧쯧 혀를 차면 '친절한 금자 씨'처럼 정면을 바라보며 말할 것이다. 이게 내 직업이야, 잊었어?

2

　　남편과 뉴스를 보다 말다툼을 했다. 그는 사실에 대해 말하고 나는 진실에 대해 말하느라 대화가 어긋났다. 어찌나 큰 소리로 서로의 의견을 내세웠는지! 마치 국회에서 국회의원들이 마구잡이로 목청을 높이듯 다퉜다. 그는 내가 '사실'을 인정하지 않고 진실만 내세운다 했다. 도덕적으로 옳지 않은 사실일지라도 사실은 인정해야 한다는 남편의 의견. 그게 사실일지라도 윤리적으로 옳지 못한 일이거나 속여서 일어난 일(사실)이라면 미래에 도착한 우리가 역사를 수정해야 할 수도 있는 거라는 나의 의견.

대화는 내가 이렇게 정리해버렸다. MBTI 성격 유형에 입각해 봤을 때 F와 T의 견해차이라고. 이렇게 내가 깔끔하게 정리를 하려는데 남편이 자기는 애초에 'MBTI' 같은 것은 믿지 않는다고 했다. 많은 사람들의 성격을 애초에 열여섯 가지로 구분할 수 없다며 문제를 제기했다. 그래서 내가 또 뭐라 했느냐, 원래 그렇게 말하는 사람들이 'T' 유형인 경우가 많더라, 그랬더니 남편은 원래 그런 게 어디 있느냐며……

뉴스가 끝날 때까지 싸움은 끝나지 않았다는 슬픈 이야기.

사실과 진실, 비슷한 것 같으면서 다른 얼굴 다른 몸집 다른 형태를 보이는 것. 남편은 언제나 '사실'

에 입각해 사고하는 편이고 나는 대체로 '진실'에 기민하게 반응하는 편이다. 그렇다고 내가 감정적인 인간은 아니다. 때때로 차갑다. 때때로 얼음 속에서 불을 지핀다.

    어느 날은 잘못을 저지른 사실들(역사적 사실들)을 강가에 일렬로 세워놓고 진실의 얼굴을 마주보게 한 뒤 진실의 불타는 몸에 손을 대고 있게 하고 싶다. 내 상상 속에서 진실은 '어떤 사실'을 바로잡기 위해 날아다닌다. 쏘다닌다. 그러다 불에 탄다. 죽음 직전의 사람이 장기에서 피를 흘릴 때, 입과 코 항문에서 피가 주르륵 흐를 때 타는 냄새가 난다. 이건 사실인가 진실인가. 나는 늘 후자에 입각해 생각하는 버릇이 있고. 그렇기에 이것은 사실이 아닐지도 모른다. 그때 나는 재빨리 말한다.

"진짜예요."

위험은 언제나 있다. 그리고 나는, 그리고 나는, 그리고 나는… '진실'의 교양 없는 말버릇. 그게 내 말투다.

뉴스를 본다. 매일 본다. 뉴스는 매일 뉴스를 전한다.

무시무시한 세상에 살고 있다는 생각이 든다. 발가벗겨진 상태로 미끄러지는 사람이 잘 봐, 내가 얼마나 잘 미끄러지는지! 외치는 것을 본다. 먹는 사람이 아가리를 벌리며 잘 봐, 내 숟가락이 위장을 휘젓고 대장에 닿는 순간을! 자랑하는 것을 본다. 꼬리를 얼굴에 감고 자위하는 사람, 아름다움이 아름다움을 사고파는 현장에서 아름다움이 뭉개지는 순간, 고양이와 강아지가 고양이와 강아지로 포장되어 배달되는 화면….

사람들은 귀여운 것을 보면 귀여움을 사고 싶어 한다.
사람들은 아름다운 것을 보면 아름다움을 사고 싶어 한다.
사고 나면 사라지는 것. 갖고 나면 가질 수 없는 것.
사람들을 위해 더 많은 것이 필요하다. 것들 것들 것들.
가장자리에 쌓여있는, 잊히는 데 열중인 모든 것들.

사람들은 도파민을 원한다. 쏟아지는 도파민, 세련된 도파민, 웅장한 도파민, 어쨌든 도파민.

친구를 1년간 만나지 않아도 친구의 생활을 알고 있다고 착각하게 만드는 시스템이 저마다의 손바닥에 있다. 누구는 외국 여행을 다녀왔고, 누구는 일로 바쁘고, 누구는 샐러드를 자주 먹고, 누구는 틈틈이 운동을 하는군. 해시태그가 친구의 상태를 알려준다. 우리는 친구를 2년 만나지 않아도, 어쩌면 10년 만나지 않아도 그의 삶을 '알고 있다'고 착각할 준비가 되어있다. 무시무시한 세상에 살고 있다. 사는 게 아니라 보는 세상. 사람들이 무엇을 먹고 입고 누리고 가지는지 보는 일. 보는 게 일이고 보는 게 삶이다. 저 사람은 벤츠를 타는구나. 거실 커튼은 회색이구나. 화장실이 두

개구나. 아무것도 놓여있지 않은 깨끗한 화이트 싱크대에서 요리를 하는구나.

남이 보여주는 삶을 보고, 내가 보여지는 삶을 산다.

이미지로 산다.
이미지가 산다.

스마트폰을 열면 세상에서 가장 '신선한' 콘텐츠, 갓 올라온 포스팅이 쏟아진다. 좋은 것도 좋지 않은 것도, 아름다운 것도 아름답지 않은 것도, 영감을 주는 것도 영감을 빼앗는 것도 있다. 주르륵, 에스컬레이터처럼 올라가는 우리의 삶. 찰나의 삶. 분절의 삶.

기분이 전부인 기분! 이런 시대에 시를 쓰려면 무엇이 필요할까? 가능한가, 시여.

3

시는 시인이 홀로 숨는 방이다. 어디에 있든 시로 숨으면, 그곳은 은둔처가 된다. 이곳에선 설명하지 않아도 된다. 우는 이유를 말하지 않아도 된다. 어제는 이렇게 시작하는 시를 썼다. "흠결에 대해서라면 종일 말하고 싶다." 흠결에 대해 종일 말하고 싶어서, 흠결이 좋아서, 썼다.

솔직히 나는 나누고 싶어 시를 써본 적이 없다. 혼자서, 혼자임을 적극적으로 쪼개고 쪼개 더는 분절이 불가능할 정도로 작아진 존재를 느끼며, 벽에 기대 썼다. 무언가를 표현하고 싶은데 사랑이 부족하든 사랑이란 말이 부족해 썼다. 시는 세상 밖으로 나오면 (거의 공짜로) 나누어지는데, 쓸 때는 '나눔'의 방식이 아닌 것이 이상하지. 나는 산문을 쓰는 작가이기도 한데 산문을 쓸 때는 내 생각을 사람들과 나누려는 의도를 지닌 채 쓴다. 독자에게 내 생각을 보이고, 내 이야기를 들은 그들의 이야기를 궁금해하며, 나도 경청하려는 자세를 지닌 채 쓴다. 그것은 상호 소통을 중요시 여기는 방식일 것이다. 그런데 시는?

시는 내가 혼자 방에 들어가 날개를 짓는 일과 비슷하다. 이 날개를 어디에 쓸지, 쓸 곳이나 있을지, 사실 이런 물음 따위는 애초에 떠올리지 않은 채로 내가 만드는 날개에만 집중한다. 남이 이 날개를 어떻게 볼지 생각할 여력이 없다. (여력을 좀 가져야 할까? 독자들을 내 시로 유입시키기 위해 노력해야 할까? 소통해야 할까? 요새 그런 고민을 하긴 한다.)

사람의 영혼을 탈곡하려 드는 세상에서 시를 쓰려면, 어떻게 해야 할까? 분명한 건 간직해야 한다는 거다. 당신이 생각하는 가장 소중한 것, 가장 자랑스러운 것, 가장 말하고 싶은 것은 보이지 말고 간직한 채 지켜야 한다. 사랑이 부족하든 사랑이란 말이 부족하든. 결핍을 자라게 해야 하지 않을까. 결핍이 키가 커져, 밖으로 나가고 싶어 할 만큼 가난해져야 한다.

연정모

2024년 《문학수첩》을 통해 작품 활동을 시작했다.

헤엄을 상상하기

　　　　이 글을 쓰는 지금은 팔월의 첫 주, 전통적인 여름휴가 시기다. 요즘은 회사에서 하계휴가 기간을 따로 정해 두지 않는 경우가 많기에 이때라고 크게 흥성거리는 분위기는 아니지만, 그래도 어린이와 청소년의 방학 스케줄이 이때에 맞춰져 있기는 한지 가족 단위로 여행을 떠나는 사람들이 적지 않은 것 같다. 동네의 빵집과 호프집 앞에도 휴가 알림이 붙었다.

그러나 바깥은 찢어질 것처럼 뜨겁다. 차 없는 자로선 여행을 떠나겠다고 집 밖을 나섰다가 곧바로 탈 날 것 같은 날씨다. 작년까지만 해도 이 햇빛 이 축복을 가릴 순 없다며 양산 쓰기를 거부했는데, 이번 더위가 시작되자마자 주저 없이 하나 샀다. 항상 들고 다닐 수 있어야 하므로 최대한 가벼운 것으로. 심지어 양산을 써도 눈이 안 떠져 선글라스도 추가 구매할까 고민 중이다.

게다가 나는 바로 엊그제 이사를 한 자로서… 휴가를 떠날 에너지가 남아 있지 않다. 누군가 나를 번쩍 들어 해변이나 계곡 앞에 앉혀 주면 감사하겠지만, 헛된 상상을 하기보다는 얌전히 앉아 마감을 위해 성실히 글을 쓰는 것이 모두에게 좋은 선택일 것이다. 그렇다, 나는 오늘 하나의 글을 마무리해야 한다.

　　나의 성실성에 대해 변호하자면, 한 달 전부터 지금까지 계속 무언가를 쓰고 있긴 했다. 카페에서 공유오피스에서 집에서. 그러나 시에 대해 말하고 쓴다는 것은 너무나 어려운 일이다. 시를 이렇게 좋아하는데 이렇게나 아는 바 없을 수 있다니. 아이스크림 먹으며 산책할 때는 시 얘기 하고 싶다가도, 시란 무엇인지 적극적으로 골몰하고 있으면 이것에 대해 발설할 수 있는 게 하나 없고.

　　아무튼 그리하여 시에 대한 산문은 여러 버전으로 망했다. 너무 사소해서, 너무 자기고백적이어서, 너무 뻔해서, 그냥 별로여서⋯ 폐기의 이유는 다양했다. 그래서 지금, 직사광선이 비스듬히 들어오는 내 방에 앉아 생각한다. (생각할수록 몸이 데워진다.)

    (1) 무엇에 대해 쓸 수 있나

    (2) 무엇에 대해 쓰고 싶은가

나는 지금 차가운 물이 몸에 닿는 느낌에 대해 쓰고 싶다. 몸 안 깊은 곳의 뜨거움을 일시에 식혀 줄 친절한 수영장에 대해. 몸의 일부는 물속에, 나머지 일부는 햇빛 아래에 있을 때의 진짜 살아 있는 기분에 대해. 여름 수영을 원한다고 말하는 순간부터 여름 수영을 원하게 되는 뜨거운 충동에 대해.

그리고 쓸 수 있다. 차가운 물이 몸에 닿는 느낌을 긴 문장으로 적는 일에 대해. 몸 깊은 곳의 뜨거움을 식혀 줄 수영장을 묘사하는 작업에 대해. 몸의 일부는 물속, 나머지 일부는 햇빛 아래에 있을 때의 기분을 전달하는 일에 대해. 여름 수영을 원한다고 말하는 순간부터 여름 수영을 원하게 되는 이 충동을 다스릴, 유일한 방법에 대해.

몇 달 전 지인과 신체에 대한 이야기를 나눈 적 있다. 아픔과 나이 듦에 대한 일상적인 대화였다. 우리 사이에 어떤 내용이 오갔는지 세밀한 부분까지 기억나지는 않지만 당황해서 말문이 막혔던 순간은 또렷하다.

"너는 삶을 사랑하잖아."

조금의 악의도 없는 그 말을 들었을 때, 즉시

묘한 기분에 휩싸였다. 수치심과 모멸감. 아, 이것은 수치심과 모멸감이다. 분명 그 감정을 느꼈는데, 그럴 필요도 이유도 없었기에 당황스러웠다.

지금 와서 이 마음의 근원에 대해 생각해 보자면, 의외로 쉽게 답 내릴 수 있다. 삶을 사랑하는 사람으로 비추어진다는 것에 대한 부끄러움과 죄스러움.

나는 삶을 사랑하나? 물론 나는 여름의 무성함과 생동과 무자비함을 사랑한다. 땀 흘리기의 즐거움을 사랑한다. 자전거를 타고 걷고 몸을 움직일 때의 자유를 사랑한다. 자유로운 신체를 사랑한다. 우리 사이에만 내밀히 통하는 가족 농담을 사랑한다. 연애와 우정의 슴슴함을 사랑한다.

그러나 나는 동시에 견디기가 어렵다. 살아 있음의 피로를. 과한 기쁨과 갑작스런 절망을 동시에 소화하는 일을. 사랑했던 친구를 사랑할 수 없게 되는 일을. 너무 많은 바람과 약속을, 기대를. 뚜껑 없는 향수처럼 아무 데나 놓여 있는 일을. 모두가 이렇게 살까? 생각하게 되는 일을.

하루를 마치고 집에 돌아오면 자주 혼잣말을 한다. 문득 그러고 있는 나를 제삼자의 눈으로 바라보게 되는 순간이 있다. (마치 유체 이탈하여 방 천장에서 내 육신을 바라보는 듯한 포지션이다.) 그때 나는 누구에게 무슨 말을 하고 있지? 대체로 바깥 세계에서 소화하지 못한 말들이다. 타이밍 놓쳐 하지 못한 말들 혹은 누구에게라도 좋으니 듣고 싶었던 (그러나 듣지 못한) 말들. 혼잣말의 순간 나는 정체도 모를 언니나 오빠, 자기, 야, 온갖 존재를 호명하고. (누군가 시인은 무당이랬는데 내 삶은 그냥 유령 같고!)

　사는 게 너무 소란하면 즉시 내 몸을 수영장 속에 집어넣는 상상을 하자.
　수영장 속에 있으면 수영장이 온 세계인 것 같다. 시를 쓸 때는 시가 내 세계의 전부인 것처럼.

　등단 후 수상 소감에도 수영장 얘기를 썼다. 헤엄치고 나오면 수경에 물이 맺혀 있고, 그렇게 물방울로 흐릿해진 세계를 볼 때면 삶이 만족스럽다는 얘기. 헤엄치고 돌아온 날에는 좋은 꿈을 꿀 수 있다는 얘기.

피부의 모든 감각이 차가운 물과 뜨거운 햇빛에 집중되어 있을 때의 기분 좋은 피로감을 떠올리며 썼다.

그것을 쓸 때 내 머릿속에 가득했던 장면은 틀림없이 가족 휴가의 한낮이다. 한두 해에 한 번씩 시간과 비용을 지불하고 떠나곤 하는 여행지에서 내가 보았던 평화. 호텔과 리조트 안, 나는 사랑하는 이들과 함께 있고 언제까지고 둥둥 떠 있을 수 있다는 착각을 하게 되고. 손날을 이용해 물을 부드럽게 가를 때의 만족감이나 수영장 바닥에 생기는 물그늘을 구경하는 기쁨에 대해서라면 무한히 쓰고 싶어지고. 물 밖으로 나가 젖은 몸 곧바로 뽀송해질 때 어쩌면 삶이 축복 같고.

왜 그 얘기를 하게 되었는지는 잘 모르겠다. 다

만 그 글 역시 원래의 수상 소감이 마음에 들지 않아 급히 새로 썼던 것이었단 사실, 그리고 똑같이 수영장을 주제로 했다는 사실은 조금 흥미롭다. 이 점을 생각하면 수영장의 이미지가 나에게 강렬한 의미로 작동하고 있단 것은 확실한 듯하다.

그렇다면 나는 이 공간으로 도피하고 싶어 시를 쓰나? 소란과 파도를 떠나, 단정하게 정돈된 이 수영장 안에서 안전하고 싶어서?

얼마 전까지는 시 쓰는 일이 그저 즐겁고 평온하기만 했다. 몇 해 전 초겨울의 어느 날 '다시 뭐라도 써야겠다'고 결심하고 시 수업에 등록한 후로 쭉 그랬다. 첫 합평 전 이런 걸 시라고 내도 되나 하고 혼자 찔찔 울기는 했지만, '이런 걸 시로 내도 된다'는 걸 깨달은 후로는 계속 시 생각만 했다.

시를 쓸 때는 수치심이 들지 않았다. 머릿속을 복잡하게 어지르는 수많은 이미지들을 나열하고 오리고 붙이고 나면 그것들은 내게서 떨어져 나와 나름의 논리로 아름다워지곤 했다. 자연스러운 작업이었다. 나에 대해 발설해도 된다는 기쁨과, 나의 이 기분을 설명하거나 해명하지 않아도 된다는 안도감이 있었다. 혼잣말들이 유령처럼 둥둥 떠다니다가 방을 외로움의 정념으로 가득 채워버리기 전에 그럭저럭 소화해 낼 수 있었다. 그들에게 다른 옷을 입힐 수 있었다.

재밌었다.

그러나 이 여름을 통과하는 나에게는 이것만으로 괜찮을까, 하는 새로운 물음이 생긴 것 같다. 세계가 소독된 수영장이 아닌 것을 너무 잘 알지 않니.

몇 해 전, 친구들과 거제도에 간 적 있다. 온라인 시 쓰기 수업에서 만난 사이로, 같은 수강생이었던 거제 친구를 보러 간 것이었다. 그중 한 친구는 바다 수영을 할 예정이라고 했다. (나는 그로부터 바다 수영이라는 말을 처음 들었는데, 딱히 낯선 단어 조합도 아닌데 깜짝 놀랐던 기억이 난다. 바다에서 수영이라니?) 대단한 실력자는 아니지만 자유형 기초 정도는 즐겁게 해내곤 하니까, 나도 호기롭게 바다 수영에 도

전했다.

그러나 쉴 새 없이 움직이는 물속에서 헤엄치는 건 공포스러웠다. 내 몸에 잠깐의 즐거움도 주지 못했다. 파도와 함께하는 것도, 파도를 거스르며 나아가는 것도 쉽지 않았다. 초급반 강습에서 배운 호흡법은 큰 도움이 되지 않았다. 숨을 들이마시려 고개를 수면 위로 들 때마다 반대편에서 물이 철썩이며 내 코와 입에 쏟아져 들어왔기 때문에.

몇 차례 시도한 후 포기하고 물장구나 치기로 했는데, 이번엔 또 다른 친구가 새로운 제안을 했다. 다 같이 손을 잡고 둥둥 떠 보자. 서로를 믿으면 가라앉지 않을 거야.

둥글게 손을 잡은 우리가 둥둥 뜨기에 성공했

는지는 잘 기억나지 않는다. 다만 뺨에 바닷물의 경계선이 지던 간지러운 느낌, 흥분감과 두려움, 하늘을 보려 시도하던 네 여인의 소란은 곧바로 떠오른다. 아마 정말 찰나였을 것이다.

    시로써 무엇을 말하고 싶니? 물어보면 답하기가 쉽지 않다. 삶과 사랑과 죽음이요. 너무나 큰 단어 밖에 말할 수 없다. 그러나 동시에 너무나 진실이기 때문에 그 답변을 회수하기도 어렵다. 그러면 조금 다른 질문은 어떨까. 너는 왜 쓰게 되니?

    나는 안전하고 싶다. 바다에서도 수영장과 같이 안전하고 싶다. 긴장을 풀어도 삶이 멀리까지 둥둥 떠내려가지 않는다고 확신하고 싶다. 먼바다에서도 자유로울 수 있다고 믿고 싶다. 이 물을 사랑하고 싶다. 이 헤엄을 사랑하고 싶다. 죽음을 이기는 사랑을 하고 싶다. 삶을 이기는 사랑을 믿고 싶다.

아직도 생각한다. 시에는 아무 가치도 없다. 한 편의 시가 있고 없음은 세상에 아무 영향도 미치지 못한다. 나의 시는 나에게만 중요하다. 나의 시가 누군가를 바다에 둥둥 뜨게 할 수 있을 거란 생각은 못 해봤다. 그러나;

나를 견디는 일이 평생의 과제라면, 어제와 오늘 느낀 이 수치심이 먼 미래에도 예견되어 있다면 이 불안 앞에서 내가 선택할 수 있는 건 바로 시 쓰기. 좋았던 순간은 복제하고 끔찍한 기억은 파편화하여 시

곳곳에 뿌려 두기. 그리고 내가 나에 대해 말하는 이 순간이 타인에게 일정량의 해소감을 줄 수도 있을 거라 믿어 보기, 바라보기, 소원해 보기.

수영장에 대해 쓰고 싶지 않을 때까지 수영장 얘기를 쓰기.

일단 헤엄은 아름다운 일이니까. 찬 물 속에서도 몸이 데워지니까.

아름다움에 대해 쓰고 있으면 삶이 좀 빛나는 것 같으니까.

너는 삶을 사랑하잖아, 라는 말 앞에서
당황하지 않을 수 있을 테니까.

** 덧: 마감의 장면

집에서 쓰기 시작한 이 글을 망원동의 카페 겸 바 필담에서 마무리했다. 뜨겁게 달궈진 흰 새 방에서 낮 동안 계속 글을 쓰다가, 해가 비스듬히 꺾인 후에 집 밖으로 나왔다. 홍익대 정문 앞에서 중고 포토 프린터를 거래하기로 했기 때문이다. (내가 구매자) 새집에서 홍대까지 가는 여러 방법이 있었는데, 지도 앱이 알려주는 가장 효율적인 경로를 선택할 때마다 눈앞에서 버스를 놓쳤다. 앱이 안내하는 바로는 다음 버스가 오기까지 너무나 긴 시간을 기다려야 했는데 이 더위 속에서는 오래 서 있을 수 없을 것 같아 두 번째 경로 후보를 택했다. 그러나 다음번 정류장에서도 같은 일이 발생했고 나는 결국 지하철까지 천천히(터덜터덜의 대체어) 걸어야 했다. 세상이 싫군… 생각하다가도 고개를 드니 대로 끝에 고궁 그리고 겹겹의 산맥이 보였다. 아름답군… 지하철을 타고 홍대에 내렸다. 뜨거워진 몸을 끌고 서브웨이 홍익대점에 들어가 오늘의 할인 콤보를 주문해 먹었다. 바깥의 공기보다 섭씨 이십 도는 낮을 듯한 과한 냉방 때문에 덜덜 떨며 샌드위치를 섭취했다. 다 먹고 나가니 바깥의 더위가 온화하고 너그럽게 느껴졌다. 아름답군… 중고 거래를 마친 후 마포16을 타고 망원동에 내렸다. 단골 가게로 향하는 길이 좋았다. (비록 써야 할 글이 남아 있을지라도.) 낡은 건물 사이로는 노을빛에 반사되어 황금색으로 빛나는 여름 구름이 보였다. 아름답군… 가게에 앉으니 나의 친구 사장님(그는 나의 오래된 친구로, 학교 앞 카페 사장과 고객으로 만나 가게가 몇 차례 위치와 상호를 바꾸는 동안 쭉 떠들며 지내왔다)이 라임 주스와 재스민 티, 딜을 배합한 음료를 차게 준비해 주었다, 덜 달게. 미묘한 향수 맛이 좋아. 아름답군…

그리고 글을 마무리했다. 수영장 예찬이 된 이 글을. 내가 앉아 있는 바 좌석은 음료를 준비하는 공간과 마주해 있다. 사장님이 칼을 이용해 딜과 라임을 손질하는 모습이 가깝게 보인다. 나의 두 번째 잔이다. 그것을 마시는 아름다움이 이 밤에 있을 것이다.

이런 때에는 삶이 거대한 하나의 수영장 같고

아주 온화하게 흘러가는 물길 같아서

다 괜찮을 것 같다는 착각이 있고

삶이 축복 같고

그러면 시는 안 써도 괜찮을 것 같지만

이런 밤이야말로 시가 되곤 한다는 것도 알고 있다.

송희지

시와 희곡을 쓴다. 시집 『싱크로나이즈드 스위밍』, 『잉걸 설탕』을 출간했다.

시작 노트

*

최근 미용실에 다녀왔다. 간단한 커트를 하기 위해서였는데, 문을 열고 들어서자 나를 본 미용사의 표정이 묘했다. "샴푸하셨어요?" 나는 그렇다고 대답했다. 그는 대답을 듣는 둥 마는 둥 하더니 나를 세면대로 이끌었다. 나를 거기 앉히고, 눕히고, 내 머리에 물을 적시고 샴푸로 거품을 낸 뒤 말했다. "이렇게 하시면 안 돼요." 그 말을 끝으로 그는 나를 떠났다. 다른 손님의 머리를 손질하러. 나는 뭐가 어떻게 잘못되었길래 몇 분 전 감은 머리를 다시 감아야 하는 건지, 언제까지 여기 앉아 있어야 하는 건지 모르는 채 소심하게 천장을 보았다. 그가 조금이라도 설명을 해줬으면 좋았을 텐데. 나는 아무것도 아는 것이 없네……그런 생각을 하며 십 분가량 세면대에 뒤통수를 담그고 앉아 있었다.

미용사가 다른 고객과 이야기 나누는 소리가 들렸다. 차가운 거품이 느릿느릿 내 머리 가죽을 타고 흘렀다. 언제까지 이렇게 떨떠름하게 앉아 있어야 할까? 나는 자문했고, 대답할 수 없었으며, 곧이어 예감

했다. 아. 이것은 시가 되겠구나. 나는 반드시 이 묘한 기다림의 시간을 나의 언어로 붙들어두겠구나. 조금 뒤 미용사가 돌아왔고, 나는 그와 스몰토크를 나누며, 내가 쓰던 샴푸가 체질과 맞지 않아 머리카락이 푸석푸석해지고 있었다는 사실을 뒤늦게 알았다. 그가 내 머리를 헹궈주는 동안, 나는 두 가지 생각에 빠져 있었다. 집에 가면 잊지 말고 추천받은 샴푸를 주문해야지. 그리고 곧바로 시를 써야지.

커트를 받는 내내 나는 머릿속으로 낱말과 문장들을 조립했다. 그러고는 집에 돌아와서, 곧장 노트북 화면 속에 그것을 모두 옮겨 적었다. 즐거운 작업이었다. 한 편의 텍스트를 완성하기까지 오랜 시간이 걸리지 않았다. 그 텍스트는 내가 쓰고 있는 장시 「액셀러레이터」의 한 꼭지가 됐다. 그 일부를 아래에 옮겨둔다.

> 이발사가 명한 까닭에 나는 거기 앉아 있었다. "기다리세요." 이발사는 그 말을 끝으로 떠났다, 세면대 안에 넣어둔 내 뒤통수가 차갑게 젖어 들어가는데./오랜 시간이 흐른다./내가 이 가게의 문을 열고 들어올 적에. 이발사의 눈에 띌 적에. 그는 모든 게 엉망이라고 했다. 많은 걸 바꾸라고 했다. 시작하기에 앞서 그는 나를 이 자리에 놓아두었다 다시 씻어내야 한다고. 계속하면 좋아질 수 있다고도 했다 언젠가. (중략) 기다리세요. 그것은

돌아온다는 말이겠지. 나를 떠난 언젠가들을 한 아름 안고 나타난 이발사는 가르쳐줄 것이다. / 내게 주렁주렁 달린 나들을/어떻게 자르고 볶아야 아름다운지./내가 어떤 모양의 나까지 가질 수 있는지./오랜 시간이 흐른다./(하략)

내 시의 많은 화자는 배치된 감각을 앓는다. 내가 이 세계에, 타자들이 우글거리는 광장에, 넓고 험한 제 육체의 복판에 덜컥 놓여 있다는 느낌을. 그러니까 시 속의 나는, 어떤 명 아래 무대에 놓인 행위자로 자기를 인식한다. 나를 둘러싼 무대 위의 모든 것들은 내가 선택하거나 통제할 수 없으며, 그 속에서 나는 내게

부여된 행위만을 떨떠름히 이어갈 따름이다.

그 무대에서 '나'는 종종 나를 잃는다. 자력(自力)을 잃고 '가질 수 없음'의 상태를 익힌다. 필연적으로 '나'는 나와 불화한다. 타자와 불화하고, 세계와 불화한다고 느끼게 된다. 그 상태에서 '나'는 출발한다. 요컨대 나의 시란 불화하는 화자의 내외적인 움직임이다.

미용실에서의 일이 있기 전 나는 이미 「액셀러레이터」를 쓰고 있었다. 액셀러레이터란, 이름 그대로 가속 장치. 그 시는 시공간적 배경과 상황이 다른 몇 개의 에피소드로 구성되어 있는데, 그 꼭지들을 하나로 묶는 연결점이란 화자의 상태다. 「액셀러레이터」의 화자는 스스로 '멈추었다'고 여기나 실제로는

'멈추지 않은' 채로 존재한다. 그는 자신이 단단한 땅을 밟고 서 있다고, 그러므로 다른 이의 눈에 자기가 안정된 모양으로 보일 거라고 믿지만…… 실제로 그가 서 있는 곳은 가속 페달 위다. 자기의 의지와는 무관하게 하염없이 내달리고 있던 것이다.

    세면대에 머리를 담그고 미용사를 기다릴 때. 나는 그 상황이 딱 「액셀러레이터」의 기획과 맞물린다고 생각했다. 정황 자체도 흥미로웠지만 무엇보다 매혹적인 것은 감각이었다. 미용실은 설명이 필요 없는 감각의 산실 아닌가. 세면장에 앉아 있노라면, 수십 종의 감각이 동시다발적으로 내게 쏟아지곤 했다. 의식하지 않으려 해도 내 온몸의 구멍들을 비집고 들어오는 감각들. 그들이 나를 움직이게 했다. 강제로.

나를 수동적인 주체로, 나아가 무력한 수용자로 만드는 그런 종류의 체험은 시를 쓰게 하는 강력한 동기가 된다.

*

화자의 '배치됨'에 관해 조금 더 자세히 말해보자면,

시간을 제법 거슬러 올라가야 한다. 소심하고 겁 많던 소년. 가까운 이들에게는 수다스럽지만 정작 말해야만 하는 순간이 오면 병적으로 입을 앙다물어 버리던 유년기의 남자애에게 닿아야 한다. 남자애는 자주 출처 모를 위화감을 느꼈다. 아침에, 대낮에, 저녁에, 슈퍼마켓에서, 교실에서, 태권도장에서, 분식집 앞 골목에서. 언제 어디서나 그랬다. 자기가 살아 있다는 게 이상했고, 이 순간까지 살아왔다는 것이 믿기지 않았다. 자신을 둘러싼 모든 것이 잘 만든 세트장 같았다. 아니 완전한 허구 같았다. 남자애는 시도 때도 없이 자신을 덮치는 그 감각에 뭐라고 이름을 붙여야 할지 몰랐다. 지금처럼 정제된 언어로 그 상태를 표현하기에 그는 너무 어렸다. 남자애는 그 감각을 몸으로 기억했다. 말로만 듣던 유체 이탈에 가까운 느낌. 내 몸으로부터 쫓겨나는 느낌. 내가 나의 타자가 되어, 살아 움직이는 나를 낯설게 지켜보는 기묘한(queer) 혹은 기괴한(monstrous) 체험의 산물.

퀴어와 괴물성은 내가 쓰고자 하는 모든 것, 말하고자 하는 모든 것이다. 한 생애에 걸쳐 끊임없이 파고들어야 할 거대한 갱이다.

그러니까 내 모든 언어는 그 남자애의 직관으로부터 시작됐다고 해도 무리가 없을 것이다.

*

그 막연한 느낌은 10대를 통과하면서 자연스레 사라졌다. 그렇다고 위화감 자체가 내 삶에서 분리된 것은 아니다. 오히려 그 반대다.

여전히 언제 어디서나 위화감을 앓는다. 다만

이제 나는 내가 겪는 느낌의 출처를 안다. 어린 시절과 달리 지금 내가 겪는 위화감은 내가 나를 어렴풋하게나마 인지하고 정체화하고 있다는 점에서 촉발된다. 예컨대 유모차를 끌거나 아이의 손을 잡고 걷는 젊은 부부가 많은 한낮의 신도시 산책로에서, 가족 단위 고객들이 바글바글 몰린 주말의 대형 마트 식품 코너에서 나는 위화감을 느낀다. 또는 팔짱 낀 헤테로 커플로 가득 찬 지하철 안에서. 내게 "게이의 삶은 어떠냐, 어떤 것이 괴롭냐" 하고 악의 없이 묻는 사람들 틈이나, 나를 '여성을 좋아하는 정체성을 깨닫지 못한 양성애자'(대체 뭘 근거 삼은 믿음일까?) 정도로 여기고 있는 아빠 앞에서. 심지어는 『싱크로나이즈드 스위밍』과 『잉걸 설탕』 속 '형'의 모델이 된 동거인과 집 밖으로 놀러 나갈 때도 불현듯 그런 느낌을 받을 때가 있다. 나 홀로 어울리지 않는 느낌. 그 어디에도 제 톱니의 요철을 맞물리지 못해 혼자만 헛도는 바퀴가 되어버린 느낌. 내가 단지 세계의 짤따란 각질종에 지나지 않는 느낌.

아마 죽을 때까지 이럴 것이다. 내게 '사는[活]' 일이란 내 무른 존재를 삶의 외피에 끊임없이 부딪혀 보는 작업으로 이해된다. 위화감이란 곧 그 과정에서 내 몸에 남는 얼룩의 한 종류다.

닦아도 닦아도 다시 생겨나는 그 얼룩은 한평생 나를 피곤하게 만들 것이다. 그러나 그게 마냥 끔찍하지는 않다. 그 위화감이 곧 나를 쓰는 이로 만들기 때문이다. 시어들을 그러모으고 행과 연을 구조하고 정황들을 덧붙여보게끔 하기 때문이다. 그러므로 내게 평생 불화의 감각으로부터 자유로울 수 없겠다는 섣부른 예감은, 동시에 쓰기를 멈추지 않겠다는(멈출 수 없는 것에 가까울지도 모르겠다) 선언과도 같다. 내게 삶과 위화감과 쓰기와 말하기는 결코 떨어뜨려 놓을 수 없는 낱말들이다. 요컨대 그것들은 하나의 신체다.

*

최근의 작업 이야기로 돌아와,

나는 여전히 「액셀러레이터」를 쓰는 데에

몰두하고 있다. 지금 쓰고 있는 꼭지의 배경은 주술적인 분위기가 나는 한낮의 시장인데, 최근 극장에서 <퀴어>(2024)와 <네이키드 런치>(1991)를 연달아 보았던 게 설정에 적잖은 영향을 미쳤다. 아직 구상 중이라 수정의 여지가 있지만—그 시의 대략적인 개요는 다음과 같다. 시 속 화자는 차를 몰고 어딘가로 향하고 있었는데, 갑자기 타이어가 터져버리는 바람에 시장 앞의 좁은 골목에 차를 세우게 된다. 시장의 풍경은 화자에겐 지나치게 이국적이다. 화자는 내가 도대체 어디까지 온 것인가, 하는 질문을 곱씹어보지만, 끝까지 자신의 현 위치를 유추해 내지 못한다. 사람들이 몹시 붐비는 골목 한 편에 차를 세워둔 그는 곤란하다. 제힘으로는 차를 옮길 수 없고, 현지의 언어를 전혀 모르는

탓에 주위에 도움을 청하기도 어렵다. 화자의 곤란함이 점점 깊어지는 가운데, 그의 옆에서는 어떤 버스커가 쉼 없이 사랑 노래를 부르고 있다. 버스커의 선율이 계속해서 화자의 귓등을 휘감고 고막 안쪽으로 파고든다. 화자는 무엇을 해야 할지 알 수 없다. 단지 사랑 노래가 멈추지 않는다.

지금 시는 '화자의 곤란함이 점점 깊어지는' 대목에서 멈춰 있다. 화자의 온몸을 서서히 죄어오는 그 곤란함을 어떤 물성으로 나타낼 것인지 고민 중이다. 그 반응으로 튀어나오는 화자의 진술을 어떻게/얼마나 강렬하게 쓸 수 있을까 하는 질문도 갖고 있다. 요즈음엔(특히 「액셀러레이터」를 쓰기 시작하면서) 이런 감각의 '죄어옴'과, 이에 따라 극단으로 치닫는 화자의 진술에 의존해 시를 전개해 나가는 일에 재미를 붙였다. 쓰고 나면 어쩐지 고해성사라도 한 것처럼 시원한 느낌도 든다. 시 속 '나'가 토해내는 자기 파괴적인 진술은 평소 일상에서 내가 남몰래 속으로 읊조려온 말들이기 때문이다. 이를테면 "이 휴일이 나를 채 썰면 좋겠어. 강판에 벅벅 갈고 뜯고 버무려줬으면"이라거나 "그러나 손발이 말을 듣질 않네. 얘들이 차라리 "해방!" 외치며 뻥뻥 터져나가면 좋겠네."와 같은 목소리들.

한편, 반복해서 들리는 '사랑 노래'라는 이질적인 아이디어는 내 작업 루틴에서 착안한 것이다. 나는 평소 하나의 노래나 ASMR을 반복해 들으며 글을 쓰는데(희곡이나 산문을 쓸 땐 노래를 듣고 시를 쓸 땐

ASMR을 듣는 편이다. 후자의 경우 감각을 예민케 만들기 위한 밑 작업의 일종이다), 어느 날 희곡을 쓰면서 본문의 내용과는 어울리지 않는 애절한 K-발라드를 돌려 듣다가 불쑥 이걸 시로 써야겠다고 마음먹게 됐다. 정확히는 '어떤 이유에 의해 한 자리에 고립된 화자에게, 그가 처한 상황의 절박함에 맞지 않는 사랑 노래가 거듭해서 들려오는' 정황을 그리고 싶어졌다. 아직 시는 이 대목에 이르지 못했으므로, 이를 어떻게 그려낼지 구체적으로 정해놓은 바는 없다. 다만 '사랑 노래'가 시적 정황 혹은 화자의 처지와 연관되어, 지나치게 의미적으로 읽힐 여지를 주는 것은 피해야 할 것 같다('사랑'이라는 말이 붙은 이상 조심해야 한다). 내 쓰기에 있어 중요한 건 의미에 치중하는 일보다 감각적인 전달이다. 소재가 소재이니만큼 주안점을 확실히 두고 작업을 이어가야겠지.

*

처음 「액셀러레이터」를 구상할 때 5~6개의 꼭지를 묶어야겠다고 정해둔 바 있었다. 지금 쓰고 있는 게 네 번째 꼭지이므로, 한두 달쯤 뒤에 나는 「액셀러레이터」를 손에서 떠나보내고 다른 시를 작업하고 있을 것이다. 이전과는 또 다른 불화하는 몸이, 신음이, 사건과 증언 들이 나를 찾아오겠지. 은밀하고 예민한 성정의 나들이, 내 삶의 분신들이 이 두 손에 깃들 것이다. 충실한 서기로서 나는 옮겨 적게 될 것이다. 그들의 것인 동시에 내 것이기도 한 이야기를. 미미하지만 분명한 움직임을.

어떤 돌출을.

그것이 기다려진다.

"나에게 쓸 시간이 아주 많이 남아 있다는 사실은 무척이나 나를 설레게 한다."* 그 고백에는 정말로 어떤 과장도 허위도 없었으므로.

---

*송희지, 「수상 소감」, 『문학과사회』 148, 2024, 411쪽.

한영원

인천에서 태어났다. 첫 시집 『코다크롬』을 펴내며 활동을 시작했다.

콜비츠 연습 (Kollwitz Spiel)

　　이번 겨울에는 베를린에서 시간을 보냈습니다. 금방 해가 저무는 도시의 공원에서 오후 햇빛을 받으며 산책하면서 어떤 기억 하나를 떠올렸습니다. 어렸을 때, 학창 시절에 제게 고백했던 애가 베를린으로 이민을 갔어요. 저는 태어나서 처음으로 베를린에 와본 것이지만 어쩐지 이 도시가 아주 낯설지만은 않았습니다. 그 이유가 그 애 때문이었을까요. 우리는 소설과

사진, 엽서 등을 주고받으며 학창 시절을 보낸 적이 있었습니다. 아직도 그 애가 보낸 풍경 중 믿을 수 없을 만큼 비현실적이고 환상적인 이미지가 선명히 기억에 납니다.

첫 번째는 베를린 주(zoo)의 크누트. 그는 독일과 일본, 두 나라의 정체성을 둔 작가 다와다 요코 소설 속의 등장인물입니다. 2006년 베를린 출생의 북극곰이죠. 크누트는 살면서 단 한번도 북극에 가본 적이 없습니다. 그가 태어나고 자란 베를린 동물원에 가보고 싶었습니다.

두 번째는 그 아이가 제게 주었던 케테 콜비츠 엽서. 화가였던 케테 콜비츠의 그림 중 〈 죽은 아이를 끌어안은 어머니〉의 엽서를 주었습니다. 뒤늦게 알게 된 사실이지만 콜비츠는 죽은 아이를 끌어안은 여자의 그림을 매우 많이 그렸다고 하더군요.

　세 번째는 제가 좋아하던 독일 작가의 소설 『슬픈 짐승』. 베를린 자연사 박물관의 입구에는 거대한 브라키오사우루스 뼈 모형이 있습니다. 소설 속 여자는 공룡을 가만히 쳐다보며 웁니다. 지나가던 남자가 왜 우는 것이냐고 묻자 대답하죠. "저 짐승 아주 슬퍼보여요."라고요. 그 공룡을 두 눈으로 직접 보고 싶었습니다. 정말로 눈물을 흘릴 만큼 슬픈 짐승일지 궁금했거든요.

　세월이 지난 지금 저는 그 아이의 얼굴도 잘 생각나지 않습니다. 갈색머리였던가, 곱슬머리였던가, 어떤 목소리를 가지고 있었지, 말투는 어떠했지. 나는 그 애를 어떻게 만난 것일까. 학원에서, 학교에서, 지역 청소년 캠프에서? 아니, 사실 꿈에서 만난 아이를 실제로 봤다고 착각한 것일지도 몰라. 그 애가 나를 왜 그렇게 좋아했는지도 알 수 없어요. 저는 학창 시절에 말수 적고 조용한 아이였는데요. 그 애는 누군가의 사랑을 받을 줄도 줄 줄도 모르는 애를 왜 그렇게 좋아해 주었던 걸까요? 그러나 확실한 것은 수첩 한 편에 붙여져 있는 콜비츠 엽서, 그리고 제가 가진 『슬픈 짐승』의 첫 페이지가 찢어져 있다는 것이었죠.

*

12/25

세계 대전의 눈이 거짓말처럼 많이 내렸다.

날씨가 화창했고 나는 동물원을 걸었다.

지나가다 만난 원숭이를 들여다보았다. 원숭이도 나를 쳐다보고 있었다.

안녕, 너 혹시 북극곰이 어디 있는지 알고 있니?

원숭이가 침을 뱉었다.

몰라.

모르면 모르지, 왜 화를 낸담.

원숭이와 대화하는 그런 상상을 했던 것도 같다.

나는 다시 걸었다.

지나가다 기린사를 보았다.

기린을 만났다. 기린은 없는 기린이었다.

그러니까 존재하지 않는 기린을 만난 것이다. 기린이 내게 말했다.

잘했어. 그래. 그런 식으로 그를 찾아.

그런 '식'이 뭐야?

그런 식은 '그런 식'.

잘 모르겠지만 그럼에도 계속 걸었습니다. 겨울의 동물원은 앙상했고 빈 우리가 가득했지요. 사람들은 지나가면서 무언가를 보고 있었어요. 저도 무언가를 보려고 했습니다. 몇 개는 보았고 몇 개는 보지 못했어요. 참 어리석고 외로운 기분이 들었습니다. 강화 유리 속 사자는 엉망이었고 정글 그림 벽지가 발린 우리를 표범은 경쾌하게 돌고 있었고 비버가 지어놓은 나무집은 튼튼해 보였습니다. 모두가 주어진 삶을 살아나가고 있었고… 아, 그런데 그는 대체 어디에 있을까?

판다사에 도착했을 때 나는 이곳이 예전에는 북극곰사였다는 것을 알아챘습니다. 판다사는 동그랗게 조성해 놓은 중국식 정원이었어요. 중국식 음악이 흘러나오고 있었고 그 안에서 판다는 자고 있었습니다. 자고 있어서 나는 무언가를 물어볼 수는 없었어요. 배가 고파서 노점에서 파는 뜨거운 감자튀김을 사 먹으면서 동물원을 나왔습니다.

그는 어디에 있을까?

정확히는 그러니까 그의 영혼, 쩝쩝…. 감자는 뜨거웠고 김이 펄펄 났죠.

그의 영혼은 어디에 있을까?

토스카라는 암컷의 몸에서 미끄러져 나왔고, 그의 쌍둥이 형제는 몸이 약해 일찍이 죽었고 인간의 손에 의해 길러졌던 그 말입니다.

들고 있던 감자가 너무 뜨거워서 나는 떨어트리고 말았습니다.

베를린에서 계속 태어나고 자랐던 그.

그러나 이제는 북극곰을 가지고 있지 않은 베를린 동물원.

그 자리를 검고 흰 중국식 곰이 채우고 있는 동물원.

2011년 그는 물에 빠진 채로 익사했다고 합니다.

뇌염으로 인한 바이러스 때문이었다고 합니다.

나는 그걸 주워 쓰레기통에 넣으며 동물원을 빠져나왔어요.

*

E에게

다와다 요코의 『눈 속의 에튀드』라는 소설이 있어. 그걸 읽어봐. 북극곰이 화자야.

『넌 동물이야, 비스코비츠』라는 소설, 그것도 동물이 잔뜩 나오는 이탈리아 풍자 소설이야. 네가 뭔가를 쓰고 싶으면 한 번쯤은 동물을 화자로 써보는 것도 좋을 수 있어.

그런데 말야.

예전에 파시스트가 프롤레타리아의 목소리로 쓴 소설을 읽은 적 있어.

정말 재미없었어. 모든 게 거짓말투성이였거든.

인간이 아닌 모든 동물이 언어보다 숭고해.

*

12/25

콜비츠 박물관에 갔을 때 직원이 내게 샤를로텐부르크 궁을 방문하는 거냐고 물었다.

나는 Nein, kollwiz. 라고 말했다.

직원이 웃으면서 내게 표 하나를 끊어주었다.

Frohe weihnachts! (즐거운 크리스마스!)

Frohe weihnachts. (즐거운 크리스마스)

그런 대화를 했지.

박물관 안에는 나밖에 없었습니다. 의자 하나를 끌고 와 그림 앞에 앉았죠. 그것을 보러 온 거니까. 그림은 처절했지만 여유로웠고 아름답지만 추악했어요. 그림 안에 있는 여인은 짐승으로 보였습니다. 혹은 어머니, 유인원, 거지, 여인, 노동자 그러나 다시 짐승…. 계속해서 이미지는 겹쳐 하나의 상을 만들고 있었고, 그림 주변으로 이만큼의 차원이 더 생겨나 조금만 손을 뻗으면 그 안으로 들어갈 수 있을 것 같았지만 그러지는 않았습니다. 그 차원은 깊은 슬픔의 강으로

너울져 보였으니까. 얕아 보였지만 빠졌을 때 다시는 나의 차원으로 돌아올 수 없을 것처럼 보였으니까요.

나는 그 그림을 마주하며 내가 가진 모든 사랑을 잃는 생각을 해보았습니다.

내가 가진 수많은 대명사와, 명사, 동사, 형용사를 잃는 생각을.

내가 가졌던 시간과 가질 수 있는 모든 시간이 사라지는 생각을 해보았죠.

작은 방에 놓인 수많은 죽음의 이미지를 천천히 쳐다보다가 나는 이내 고개를 잠깐 끄덕였습니다. 그런 작은 행동을 하지 않았다면 내가 살아있다는 사실을 계속 잊을 것 같았으니까요.

*

E에게

언젠가 콜비츠 무세움에 간다면 난 거기서 나오지 않을 거야.

미술관으로 가출한 클로디아 남매처럼.

날 생각하면서 써준 엽서 고마워.

근데 작품 이름이 뭐라고 했더라?

독일어 공부 열심히 해.

*

크리스마스 시즌이어서 자연사 박물관에는 매우 많은 어린이들이 있었습니다. 안에 들어서자마자 천장까지 닿은 크고 기다란 브라키오사우루스 모형 하나가 박물관 로비를 가득 채우고 있었습니다. 어린이들은 그 '슬픈 짐승'의 주위를 포효하고 뛰어다니고 있었습니다. 그리고 공룡으로 가득한 박물관 내부 때문에 온통 흥분에 가득 차서 소리를 질렀습니다. 그러니까 별로 슬프지 않더라고요. 그 브라키오사우루스는 완벽하게 어린이들을 위해 존재하고 있었습니다. 저는 어쩐지 조금 머쓱해져서 그 짐승을 지나쳐 박제관으로 들어왔습니다. 박제관에는 수없이 많은 포르

말린 관들이 즐비해 있었어요. 어떤 미친 과학자가 처음으로 유리병 속에 화학물질을 넣어 양서류를 썩지 않게끔 한 걸까. 영원히 썩지 않는 유리병 속 생물들이 저를 노려보고 있었습니다.

박제관으로 넘어오자마자 매머드를 보았습니다. 아주 오래전에 만들어진 것만 같은 육중한 조형물을 보면서 진짜로 그것이 매머드 사체인지 궁금했어요. 여러 박제들을 만났습니다. 박물관 자료화면 속에는 박제사라는 직업에 대해 설명하고 있었습니다. 박제사는 골조를 짜는 건축가, 조형을 만드는 조각가, 회화 화가와 똑같은 일을 한다는 것도 알게 되었습니다. 생각보다 복합 예술이었던 것이었군. 그런 생각을 했습니다. 베를린 자연사 박물관은 단층만을 개방하고 다른 전시실들은 학구 목적으로 사용하고 있더군요. 출입 금지라고 적힌 학예실 여러 곳을 지나치면서 으스스한 기분이 들었습니다.

그리고 마지막으로 관람한 전시실에서 그를 만났어요.

크누트, 2006년생 베를린 출신의 북극곰.

거기에 그가 박제되어 있었어요. 죽어서도 이 도시를 떠나지 못하는 그의 육체. 그러나 대다수의 이들이 그런 삶을 맞이하지요. 아, 그 애하고는 소리 소문 없이 연락이 끊겨서요. 어떤 이야기의 결말이 그랬듯 지금 그 애가 어떻게 살고 있는지는 알 수가 없습니다. 아주 오래된 이야기입니다. 그렇기에 희미해져서 오랫동안 묻어두었던 이야기이지요. 처음으로 와본 베를린은 어릴 적 상상으로 만들어보았던 베를린과 거의 비슷했습니다. 그 애는 제게 언젠가 말했습니다.

나중에 여기에서 만나자.

여기에서 아이스크림을 먹자.

여기에서 책을 읽고

여기서 그림을 그리자.

여기를 산책하고

여기 침대를 빌려줄게, 나는 바닥에서 자고.

여기에 네가 아는 언어를 써.

여기는 내가 모르는 언어를 써.

나는 어떻게 해도 익숙해지지가 않아.

그게 아주 좋아. 오랫동안 바라왔던 거야.

아, 혹여나 궁금해하실까 봐요. 제가 그 애에게 찢어 보낸 책의 첫 페이지와 그 애가 보낸 엽서가 이곳에서, 그러니까 바로 여기에서 교차했던 적이 있었습니다. 저는 잠시 크누트 앞에 있는 벤치에 앉아 만약 제가 그 애에게 지금 엽서를 보낸다면 어떨까 생각해보았습니다. 그러다 그 앞에서 잠시 숙연해지며 이상한 기분을 떨쳐내고 싶어 서둘러 박물관을 나왔어요. 박물관을 나오며 다시 그 크고 아름다운 브라키오사우루스 뼈 모형을 마주쳤습니다. 그 앞에서 울고 있는 여자를 본 일은 없지만, 혹은 누군가에게 그림을 그리거나, 편지를 쓰는 그 아이를 본 일은 없지만요. 계속해서 주변을 맴돌며 나를 스쳐 지나가는 많은 타인을 보았던 날. 크리스마스였죠. 베를린의 겨울은 서울보다 따뜻했습니다. 그러나 눈을 감을 때 송곳 같은 바람이 비열하게 코트 안쪽을 파고들었어요. 콜비츠 박물관은 몇 년 전 이전을 했대요. 제가 갔던 곳은 그 아이가 다녀갔던 공간이 아니었겠죠. 세월이 그러하네요.

*

눈이 온 걸 보자마자 마음이 무너졌던 날이 있어요. 도서관에 갔다가 연체된 책을 반납하고 가족의 생일이어서 전화했던 날. 생일 축하한다고, 꽃 하나 보내겠다고 말했고 고맙다는 말을 들었습니다. 일을 가서도 어쩐 일인지 기분이 좋지 못했어요. 같이 일하는 분들이 먼저 들어가 본다고 해서 두세 시간 정도 일하는 곳에 혼자 있었죠. 눈이 왜 이렇게 많이 올까. 그런 생각을 했습니다. 집에 와서 우동을 끓여 먹고 나니 집안이 훈훈해졌지요. 그리고 시내로 나가서 옷 구경과 사람 구경을 좀 하다가 친구의 공연을 보러 갔고, 혼자 가는 공연은 오랜만이었습니다. 집으로 돌아가는 버스를 탔습니다. 눈이 계속해서 내렸습니다. 그래서 마음이 푹 꺼진 듯이 침몰했다가 다시 가볍게 날개 단 듯 날아오르기를 반복했던 날이었죠. 버스에는 사람이 적었고 차창을 보다가 자유로워지고 싶다는 생각을 했고 그러나 속박이 없다는 말은 자유도 없다는 말이 아닌가. 쓸데없는 생각. 몸이 아파 계속해서 누워 있다가, 자다가 깨서 외롭고, 누군가를 이유 없이 사랑

해볼까 한참을 뒤척이다가… 그러다가 새벽에 독일행 비행기를 끊었습니다.

     여행에서 돌아오자 새해가 조금 지나있었습니다. 새해 계획을 세우고 다시 일상으로 돌아갔습니다. 일을 새로 구해서 적응을 하느라 바빴어요. 살던 집의 계약이 끝나서 이사할 집을 알아보러 다니기도 했습니다. 여행에서 돌아와 할부로 결제한 비행깃값을 갚느라 2, 3개월을 고생했지요. 다시는 그렇게 충동적으로 여행을 가지 말아야지 생각하면서도 사고 싶던 캡 모자를 살까 고민하기도 했고요. 그 돈을 조금 더 보태 차라리 새로운 책장을 사는 게 낫겠다는 생각을 하기도 했지요. 동네 동물병원 원장님이 아기 고양이를 구조하는 바람에 지나가다 보인 유리창을 가만히 쳐다

보고 있자니 고양이를 만져봐도 된다는 허락을 받은 날도 있었습니다.

월요일도, 화요일도 좋은 날이었다고 되짚어본 수요일도 있었고요. 계속해서 별로였다고 느낀 한 주도 많았지요. 어느 날은 길을 가다가 개업한 치과에서 통통한 물티슈 2개를 받은 적도 있었고 쓰고 싶은 책의 기획을 노트에 몇 장이나 끄적여본 일도 있습니다. 평온했고 여유로웠고 일상은 충만했어요. 아주 일상적인 하루야. 아름다운 하루여서 금세 끝날 것 같은 하루야. 그런데 어느 날은 일을 하고 밥을 먹으면서도 가끔 여행에서 만난 장면과 인물들이 떠올랐습니다. 버스를 기다릴 때 가끔 떠오르는 환상의 이미지들이 있었습니다. 내가 무언가를 잊고 있었을 것이란 생각이 들어. 무언가를 두고 왔을 것이라는 생각이 들어.

평온한 일상을 누리다가도 가끔 잠에 들기 전에는 누군가를 오래 떠올렸습니다. 곱씹듯이 오래. 가만히 나를 사로잡았던 이미지, 문장, 누군가의 대사, 박제되었거나 살아 움직이던 장면, 편지, 엽서, 오래전 잊고 있던 그 애. 아 그렇지, 크누트와 콜비츠의 엽서, 브라키오사우루스 모형… 그들이 생각이 났어요.

갑작스럽게 찾아온 영감일 수도 있지만 가만히 돌이켜보면 그건 저와 무관하지 않았습니다. 그들이 오랫동안 나를 점유해 왔던 무언가라는 생각을 해봅니다. 기억 저편에 잊혀져 있다가, 무대 장막 뒤에 조용히 놓여져 있다가 일상 속에서 가만히 떠오르는. 그렇게 만들어진 무언가에 저는 이름을 붙입니다. 나만 아는 별명이나 특이한 이름을요. 떠오르지 않는다면 어떤 도시의 지명이나 노래의 가사, 대명사로 붙이기도 합니다. 그 순간을 호명하는 행위는 아주 손쉽게 그 세계를 낚아채 박제하는 방법이기도 했습니다. 스쳐 지나간 이미지와 시간을 생각할 때면 고개를 잠깐 끄덕이곤 아무 문장이나 중얼거려보는. 그래, 그런 애를 내가 알았던 것도 같다. 어떻게 생겼었더라. 나는 그 애를 뭐라고 불렀지. 그 애와 나는 어떤 말투로 대화를 했지. 일상을 살아가다가 어느 순간 떠올린 이국의 그 애, 섬광처럼 느껴지는 그리움, 그런 것으로부터 가끔 시가 만들어지기도 했습니다. 그런 일상과 환상을 교차하는 행위를 콜비츠 연습(Kollwitz Spiel)이라 불러볼까 합니다.

네가 있다는 생각을 자주 해

copyright ⓒ 시절, 2025

1판 1쇄 | 2025년 10월 24일

글
박연준
성동혁
송희지
신이인
연정모
오은
한영원

기획·책임편집 | 오종길

표지 일러스트 | 키미
표지 디자인 | 박주현
내지 디자인 | 김현경

출판등록 | 2023년 7월 20일 제 2023-000072호
이메일 | sijeol.book@gmail.com
SNS | @si.jeol.book

ISBN 979-11-988531-7-2 (02810)

*이 책의 판권은 시절에 있습니다.
*이 책 내용의 전부 또는 일부를 재사용하려면
 반드시 펴낸곳을 통한 서면 동의를 받아야 합니다.

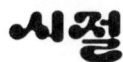